S'unir ou subir

Azelma Sigaux

S'unir ou subir

Loi n°49-956 du 16 juillet 1949 sur les publications destinées à la jeunesse, modifiée par la loi n°2011-525 du 17 mai 2011.

En application de l'art. L.137-2.-I. du code de la propriété intellectuelle, toute reproduction et/ou divulgation de parties de l'œuvre dépassant le volume prévu par la loi est expressément interdite.

© Azelma Sigaux, 2025

Illustration de couverture générée par l'IA via Canva.com

Édition : BoD · Books on Demand, 31 avenue Saint-Rémy, 57600 Forbach, bod@bod.fr
Impression : Libri Plureos GmbH, Friedensallee 273, 22763 Hamburg (Allemagne)

ISBN : 978-2-3225-6098-1
Dépôt légal : janvier 2025

PROLOGUE

Cet ouvrage est né d'une conviction profonde : celle de l'urgence à s'unir pour révolutionner le monde. Face à un climat de division permanent, entretenu aussi bien par les gouvernants que par les grands médias, une alliance générale entre les opprimés de ce système injuste par essence apparaît comme une évidence. Dans une société où la crise écologique, économique et sociale connaît une courbe exponentielle et évolue d'un même mouvement dans une course effrénée vers la destruction, c'est la seule issue possible. Tous les enjeux sont liés, de même que les causes.

Ils divisent pour mieux régner. Nous devons nous rassembler pour nous affranchir de leur domination. Cette analyse logique de la situation n'est pourtant pas si simple à saisir. Et cette complexité a tendance à réfréner les initiatives qui vont dans ce sens, malgré une véritable volonté ambiante d'allier nos forces. S'unir ou subir : voilà le dilemme qui apparaît au grand jour et remet en question le fondement même d'un système ancré depuis des siècles.

Cette grande convergence des luttes et des idées ne se fera pas autour d'un seul axe, d'un seul homme ou d'une seule cause. Elle s'articulera au sein d'un réseau aussi complexe qu'efficace, sur le modèle de toutes les interconnexions qui composent le monde. De la nervure des feuilles aux sillons des fleuves en passant par la structure des arbres ou les flux routiers, tous les réseaux sont construits de la même manière, sur le même schéma, à partir de liens, de nœuds et d'échanges.

L'importance de la relation se retrouve aussi dans l'histoire de l'évolution des espèces animales et végétales. L'entraide a toujours permis aux êtres vivants de s'adapter et de survivre en période de crise.

Du champignon à l'être humain, de l'insecte à l'arbre, par les réseaux racinaires ou aériens, les discussions ou les pactes. Le mythe de la loi de la jungle n'existe pas dans la réalité : la solidarité et la fraternité sont les seules options qui fonctionnent face à l'oppression et pour l'équilibre de la vie en général.

En tant que militante écologiste, antispéciste, Gilet jaune et au-delà de toutes ces étiquettes qui enferment dans l'entre-soi, je lance un appel général à l'intelligence collective. Il est temps d'apprendre à cohabiter et à désobéir, ensemble, à un système qui polarise les débats en permanence.

Voilà l'objet de cet ouvrage, écrit de 2019 à 2022, en pleine crise du covid, aux prémices de la campagne des présidentielles, alors que les luttes sociales explosent. La pandémie a joué un rôle d'accélérateur et de révélateur des maux ambiants. Elle a mis en exergue ce qui aurait dû sauter aux yeux de tous depuis longtemps. C'est l'occasion d'agir et de réagir autrement.

Ce plaidoyer pour la convergence des opprimés, bâti sur des études scientifiques et historiques, des théories philosophiques et des recherches sociologiques, invite à l'humilité et à l'action immédiate. Le travail sera long, difficile, mais il s'impose aux peuples comme une nécessité. Traiter les causes plutôt que les symptômes d'une société défaillante, c'est le propos de ce livre.

À tous d'écrire la suite.

Azelma Sigaux

CONVERGENCE DES LUTTES : BASE ET FONDEMENTS

Cheminement personnel et convergence naturelle

Je me suis engagée dans différentes luttes. À mon humble échelle, j'ai œuvré autant pour l'écologie que les êtres humains ou les autres animaux. Et je continuerai. Car on n'en fait jamais assez. Il y a tant à œuvrer, à combattre et à construire : c'est le drame de notre monde. Mais loin de moi l'idée de tomber dans le fatalisme. En fait, au lieu de me décourager, ce triste constat ne fait que renforcer ma détermination.

Jusqu'alors, tous les moyens m'ont paru bons : actes interdits, actions légales, affiches, assemblées, associations, bénévolat, communiqués de presse, courriers, débats, désobéissance civile, discussions, dons, écriture, lettres ouvertes, manifestations, marches, pétitions, recours juridiques, regroupements pacifistes, etc. Et même si toutes ces démarches n'ont pas été couronnées de succès – ce n'est rien de le dire –, je n'ai pas baissé les bras pour autant. Par contre, j'ai remis en question la méthode employée. Cette vision compartimentée des choses m'a paru indésirable. La multiplication des sujets et des causes à défendre est une réalité. Les injustices de notre société sont nombreuses, il faut bien l'avouer. Il n'est pas question d'en mettre quelques-unes de côté au profit d'autres jugées plus importantes. Notre cœur et notre cerveau ont cette capacité de se partager autant qu'il y a de raisons à le faire. On peut lutter contre la maltraitance animale tout en venant en aide aux sans-abri. Il n'y a pas d'incompatibilité à cela. Et ceux qui prônent le contraire œuvrent-ils seulement pour l'une ou l'autre de ces causes ? Toutefois, cette division des combats, par définition, les divise et même les amenuise. La segmentation est contre-productive. À l'inverse, se concentrer sur un point commun, un point de rassemblement et de ralliement autour duquel on pourrait imaginer un travail collectif, est une façon de renverser le rapport de force et de mettre un terme aux obstacles rencontrés par chaque groupe de militants.

Avant le début du mouvement des Gilets jaunes en 2018, jamais je ne m'étais réellement intéressée au concept de convergence des luttes.

Jusque-là, je menais mes combats personnels et militants, ici et là. Au gré de mes apprentissages et de mes expériences personnelles, mais aussi des rencontres. Comme tout le monde ou presque, j'ai forgé mes propres opinions en me basant d'abord sur celles de mes parents, mes premiers exemples. On n'y coupe pas. Puis j'ai pris de l'indépendance, je me suis ouverte au monde. Les discussions, les livres, les rencontres, les voyages, ça aide. En cela, je suis une privilégiée. Les sensibilités personnelles facilitent aussi la prise de conscience. Sans vraiment me l'expliquer, mon indignation s'est naturellement dirigée vers les violences perpétrées envers les plus faibles. Envers ceux qui ne peuvent se défendre, que ce soit par leur condition, leur soumission ou leur manque de moyens. Ainsi, j'ai d'abord été touchée par la colonisation des peuples qui n'avaient, de fait, rien demandé. Les Tibétains, une population pacifiste envahie et massacrée par les Chinois depuis 1949, sans discontinuer, dans l'indifférence générale. Les Indiens d'Amérique, persécutés durant des siècles, puis confinés et exposés aux touristes dans des réserves à ciel ouvert. Les esclaves, les victimes de famine, les assignés au quart-monde. De la même façon, j'ai toujours ressenti une réelle compassion envers les animaux non humains. Eux aussi, du fait de leur silence et de leur impuissance face aux fusils et à la cruauté, ont toujours éveillé en moi des sentiments de fraternité très forts. Baignée dans une famille d'écologistes, père et mère, j'ai également été sensibilisée à la cause environnementale ainsi qu'à la nutrition. À la santé. Puis j'ai ouvert les yeux sur les injustices sociales qui se dessinaient sous mes yeux. Car si l'un n'empêche pas l'autre, nul besoin de regarder ailleurs pour se rendre compte des inégalités qui façonnent le monde. Dans mon propre pays, à ma propre époque, me sont brusquement apparues d'immenses absurdités. De grands scandales se sont subitement dessinés devant moi, tandis qu'ils avaient toujours été là, à l'école, au travail, dans les rues, sous les ponts, en politique comme dans la vie de quartier.

De fil en aiguille, l'idée d'un lien entre ces causes, jusque-là abordées individuellement, m'a sauté au visage à la manière d'un chat paniqué. Toutes griffes sorties. Car le point commun est évident et n'est pas facile à avaler : ce sont toujours les mêmes qui décident. Ce sont les mêmes qui organisent. Ce sont les mêmes qui trinquent. Il m'a ainsi paru évident qu'il était question de s'unir pour changer cette situation. Renverser le rapport de force, redistribuer les cartes. Bien sûr, tout n'est pas si simple. Il fallait et il faut encore étudier le sujet. Disséquer la question en partant de son origine. Comprendre les conflits, les conjonctions, les différences, les divergences, les intérêts, les liens et les relations. En tout cas, l'idée était là, tapie au fond de moi comme d'autres, ne demandant qu'à être creusée et exploitée.

Tout est lié. Tout est interconnecté. Cette corrélation intrinsèque constitue à la fois l'origine des maux et leur solution. Du moins, voilà mon intime conviction. Mais est-ce seulement prouvable ? N'est-ce pas qu'une lubie, qu'une croyance de ma part ? Voilà donc l'objet de ma quête à travers ce livre. Ne pas s'appuyer sur la foi, mais sur des constats et des preuves. Expliquer et démontrer en quoi la convergence des luttes est la clé.

Tout commence par l'œil

Avant de s'illustrer comme la porte de sortie incontournable à une situation embouteillée, la convergence est d'abord un mot. Un substantif féminin, pour être précise.

Si la lexicographie d'un terme ne garantit pas forcément son sens ni son usage, la connaître reste une démarche intéressante. Incontournable, même. L'origine sémantique offre un nouveau regard sur un mot parfois lancé en l'air dans le langage commun sans réelle considération, comme un « Bonjour, ça va ? » formulé par réflexe sans attendre de réponse de son interlocuteur.

Se pencher sur le sens et l'histoire d'une expression, c'est la mettre à nu et observer souvent d'amusantes métaphores et relations.

Selon le Centre National des Ressources Textuelles et Lexicales[1], le terme *convergence* a été utilisé pour la première fois dans un ouvrage scientifique. En 1671, le Père Chérubin présentait alors « la convergence des rayons »[2]. Tout commence donc par l'œil. Les rayons lumineux sont captés par le globe oculaire et par le biais du cristallin, convergent vers

---

[1] CNRTL (https://www.cnrtl.fr/definition/convergence/substantif).

[2] Père Chérubin, *La Dioptrique oculaire*, p. 157, T. Jolly et S. Bernard, 1671.

un point unique au fond de la rétine. La convergence, au sens premier du terme, permet de voir net. Mieux : elle sert à faire le point. Drôle d'image.

Ce n'est qu'en 1816 que le sens figuré de convergence apparaît dans la littérature. L'expression reflète alors « le fait de tendre vers un but commun »[3]. Puis la définition s'affine et devient « le fait d'aller dans une même direction, de tendre vers un même but »[4].

En biologie, la signification apporte une nuance pertinente, voire instructive : la convergence définit ici un « phénomène selon lequel des êtres d'espèces différentes présentent des caractères communs dus à une adaptation analogique à un même milieu »[5]. Si l'on transposait telle quelle cette observation dans le contexte socialo-politique actuel, la conclusion serait édifiante. En évoluant dans un même milieu – en l'occurrence, une société faite d'oppressions systémiques – les peuples développeraient alors des caractères communs. Un concept intéressant. Admettons que cela se vérifie : dans ce cas, le genre humain, ainsi lié politiquement sans même l'avoir voulu, serait davantage propice à l'unification de ses propres forces.

Enfin, un sens plus rarement donné à convergence éveille ma curiosité. Dans certains cas, il s'utilise comme synonyme de cénesthésie qui signifie « impression générale de bien-être ou de malaise résultant de l'ensemble des sensations internes »[6]. La convergence peut donc tout autant évoquer le confort que le mal-être de l'être humain. À nous de rendre le phénomène positif et de l'utiliser à bon escient.

Les définitions ne s'entremêlent pas si facilement. Tous les sens ne sont pas adaptables à chaque situation, c'est évident. Mais partir du

---

[3] Maine de Biran, *Journal*, 1816, p.88, Plon, 1927.

[4] Maréchal Joffre, *Mémoires*, tome 1, 1931, p. 14, Plon, 1932.

[5] Edmond Perrier, *Zoologie*, tome 4, 1928-32, p. 2965, Masson et Cie, Fascicule V, 1899.

[6] Michel Delbrouck, *Psychopathologie : Manuel à l'usage du médecin et du psychothérapeute*, De Boeck Supérieur, 2007.

dictionnaire pour manier une expression, une valeur ou une idéologie permet déjà de se recentrer sur ses fondements. L'origine d'un mot lui donne une base. Un contexte. Elle aide à détruire les erreurs de jugement et à déconstruire les idées reçues pour bâtir de nouvelles interprétations, plus justes, au plus près de son sens premier.

Divergence : un réflexe à combattre

Les différents sens de convergence étant désormais posés sur la table, on comprend immédiatement ceux auxquels ce même mot s'oppose.

À l'inverse de l'action du cristallin, la divergence, dans son sens premier, consiste à écarter à partir d'une source commune des rayons lumineux, de même que n'importe quel autre élément. Si l'on élargit cette définition à un plan plus actuel et raccord avec le sujet qui nous intéresse, allant de la vie quotidienne à la spécificité des luttes sociétales, elle illustre bien ce que l'humain constate depuis la nuit des temps. Si l'objectif est commun à tous les Homo sapiens, à savoir vivre heureux, les chemins pour l'atteindre divergent parfois du tout au tout. Peut-être est-ce lié à la relativité de la notion du bonheur et à la difficulté à trouver un consensus ou à faire des compromis. Toujours est-il qu'au lieu de s'unir, de s'entraider et d'essayer de se comprendre, les Hommes s'ignorent, s'entêtent, se divisent. Il arrive même qu'ils perdent de vue la véritable cause de leurs maux ou se trompent d'ennemis, quitte à combattre leurs propres frères. Du moins, ceux qu'ils auraient pu considérer comme leurs frères, si seulement les idées préconçues ou fabriquées n'avaient pas pris le dessus. Ainsi, certains sont convaincus que l'origine des inégalités sociales se trouve chez les « migrants », qui, selon un fantasme alimenté par certaines personnalités publiques, viendraient chez eux pour leur voler travail et aides financières. Les attentats terroristes de ces dernières années ont davantage noirci l'image des immigrés : pour beaucoup de figures médiatiques, de politiciens et de spécialistes, le lien entre étrangers et terrorisme est indéniable, quitte à condamner l'ensemble des migrants sans distinction[7]. C'est ainsi, également, que d'autres – ou les mêmes – imaginent les végans comme les destructeurs de l'agriculture française. De multiples exemples de ce genre affluent chaque jour, tous plus affligeants les uns que les autres.

Car triste est la vision déformée que peuvent entretenir les humains sur leurs pairs. Rares sont ceux qui échappent à cette tendance. Il m'arrive moi-même de revoir ma copie. Je l'avoue bien volontiers. Je me surprends parfois à classer les individus dans des cases hermétiques dès le premier coup d'œil, sans voir plus loin que l'apparence des discours ou des accoutrements. La réalité s'avère bien plus complexe et j'y reviendrai plus en détail dans un chapitre dédié. Car les pensées aussi disposent de leurs propres frontières qu'il s'agit de faire sauter.

Dans le cas des Gilets jaunes, le phénomène de rejet social, par la propagation de fausses rumeurs, m'a particulièrement frappée. L'image que les manifestants véhiculent encore aujourd'hui, sans même pouvoir la contrôler, ne cesse de m'étonner. Nombre de personnes qui n'adhèrent pas au mouvement, et qui donc ne s'y intéressent que de loin pour la plupart, forgent pourtant des opinions très précises à son sujet. Non seulement ces individus se représentent les Gilets jaunes comme une entité illusoire – un groupe inculte, agressif par nature, idiot ou encore homophobe – mais en plus ils les considèrent comme la cause de leurs propres maux. Les médias et le gouvernement ont largement contribué à cet imaginaire collectif. Ce sont les Gilets jaunes qui auraient fait perdre du chiffre d'affaires aux commerçants. Eux, encore, qui incarneraient la violence de notre société. J'ai même entendu récemment qu'ils

---

[7] Le 30/09/20, sur CNEWS, Éric Zemmour affirmait : « *Il faut que ces jeunes, tous, je vous le répète tous, parce qu'ils n'ont rien à faire ici, ils sont voleurs, ils sont assassins, ils sont violeurs, c'est tout ce qu'ils sont, il faut les renvoyer, il ne faut même pas qu'ils viennent.* » (https://www.midilibre.fr/2020/10/01/polemique-eric-zemmourqualifie-les-migrants-mineurs-isoles-dassassins-violeursvoleurs-9110226.php)

détruisaient la France. Ceux qui colportent et relaient ce genre d'idées doivent eux-mêmes souffrir des inégalités sociales – car nous sommes 99 % à les subir. Ils doivent au moins constater le malaise ambiant et reporter la cause sur ceux que l'on pointe déjà du doigt. Le bouc émissaire est une solution de facilité. Pourtant, les causes véritables de la violence et de la misère dans cette société, si limpides à mes yeux, sont ostensiblement ignorées. Il suffit de regarder qui détient les armes et qui se fait éborgner, qui gère les lois sans les suivre et qui est forcé d'obtempérer, qui se remplit les poches et qui lutte pour sa survie.

Quoi qu'il en soit, la discorde et le compartimentage relèvent du réflexe. Une erreur – ou une caractéristique – humaine qui, au lieu de faire avancer les choses dans le bon sens, nous ramène chaque fois un peu plus en arrière vers une époque censée être révolue. Ne serait-ce pas l'objet du célèbre adage : « diviser pour mieux régner » ? Ceux qui « règnent » s'en frottent sans doute les mains. Pendant que le peuple se tape dessus pour une raison ou pour une autre, ceux-là continuent tranquillement à vaquer à leurs occupations favorites. S'enrichir absolument, inconditionnellement, quitte à instaurer de nouvelles mesures d'austérité ou à creuser un peu plus les inégalités, ne renforçant que davantage le cercle vicieux qui se crée alors insidieusement.

Divisions internes

Que deux personnes de bords opposés se tirent dans les pattes au lieu de s'en prendre à l'auteur du mal dont ils se plaignent, c'est chose commune et presque compréhensible, car commode. Mais ce qui semble moins évident, tout en étant aussi fréquent, c'est la division interne.

Au sein d'un même mouvement, qui par définition regroupe des individus autour d'une seule cause sous un même étendard et qui a donc toutes les chances de s'entendre, les points de désaccord prennent parfois le pas sur les points communs, les réduisant à néant. La divergence l'emporte souvent sur l'entente constructive. Étonnant, vous dites ? Humain, dirais-je. J'ai beau accorder une immense confiance au Dalaï-Lama et à ses discours emplis de sagesse, je ne suis pas de ceux qui pensent, comme lui, que l'Homme est bon par essence. Je ne pense pas non plus qu'il soit fondamentalement mauvais. Mais je crois que faire preuve de tolérance, d'altruisme et de compassion implique des efforts surpassant ceux dédiés aux crêpages de chignons. En fait, générer un conflit s'avère si facile qu'on ne peut même pas parler d'effort. La construction est toujours plus lente et fastidieuse que la destruction. Essayez d'abattre une construction, par exemple. Vous prendrez plus de plaisir à donner des coups de masse dans une cloison qu'à monter un mur en briques.

De même, on retient souvent d'un évènement ses aspects négatifs et ses failles, plutôt que les instants positifs. En neurosciences, la constatation s'explique : dans le cerveau, une glande appelée amygdale s'active dès l'apparition du sentiment de peur ou de menace et déclenche alors une série de réactions physiologiques, dont un relâchement d'hormones de stress. Ce phénomène participe à la mémorisation de la situation ainsi qu'à l'anticipation du cerveau pour faire face aux situations similaires futures[8]. Pour faire court : un cerf échappe miraculeusement aux tirs des chasseurs, il inscrit immédiatement le coup de feu dans sa mémoire et restera à distance si le bruit résonne à nouveau. Bon, évidemment, si c'était aussi simple, les chasseurs ne réussiraient plus à tuer, mais en tout cas, c'est l'idée. L'Homme, comme les autres animaux, a donc tendance à mémoriser les épreuves plutôt que les moments de paix, tout comme il se focalise sur les points de

---

[8] https://www.rts.ch/decouverte/sante-et-medecine/corpshumain/4642779-pourquoi-retienton-plus-facilement-lesmauvaises-choses-que-les-bonnes.html#:~:text=L'amygdale%20est%20fortement%20activ%C3%A9e,et%20des%20r%C3%A9gions%20du%20cerveau

désaccord plutôt que sur les situations d'entente. C'est donc biologique. Dès lors, autant se servir de cette aptitude naturelle pour éviter de reproduire les erreurs du passé ainsi que les divisions stériles ! Si effort il y a à produire, celui-ci ne vaut-il pas le coup ? Si le prix à payer pour atteindre nos objectifs est de faire des compromis et voir plus loin que les petites querelles internes, n'est-ce pas un mal nécessaire ?

La convergence s'impose à moi comme la seule issue logique. Pour autant, elle n'est pas un long fleuve tranquille. Elle fera l'objet d'un travail individuel et commun de grande ampleur. Et elle gagnera ainsi en valeur.

La convergence dans l'histoire de France

L'idée de « convergence des luttes » n'est réellement théorisée en France qu'en 1995, pour le mouvement syndical contre le plan Juppé sur les retraites. C'est la première fois que l'on peut lire mot pour mot cette expression sur des pancartes. Les organisations syndicales de l'époque appellent à une réunification des différents secteurs professionnels contre cette réforme. La jonction militante réapparaît à la fin de la même année avec des manifestations pour les droits des femmes. Ce sont alors 40 000 citoyens, tous corps confondus, qui répondent présents à l'appel de mobilisation des associations, des syndicats et des partis politiques. Le climat conservateur ambiant menace aussi les droits acquis des femmes et plus particulièrement le droit à l'avortement. La manifestation restera dans les mémoires comme le premier succès d'une union intermilitants.

Pourtant, sans être clairement nommée, la convergence des luttes avait déjà été appliquée des siècles auparavant, en France comme dans le reste du monde. Penchons-nous sur quelques exemples parlants de l'histoire des révolutions de notre pays, en réalité plus fédératrices qu'on ne l'apprend à l'école.

1789 : un peuple uni, ou presque

La Révolution française, par exemple, a réuni le tiers état face à la noblesse et au clergé, soit 97 % de la population. On ne peut pas faire beaucoup plus fédérateur. Mais aussi célèbre que soit l'épisode historique, dans les manuels scolaires, l'accent est rarement mis sur cette singularité. L'exemple d'une convergence réussie est pourtant bien là. D'ailleurs, tous les facteurs générateurs d'union du peuple sont présents. Le contexte d'oppression monarchique, la pression toujours plus grande des impôts et les avantages ahurissants accordés aux nobles, combinés aux problèmes climatiques – tiens donc ! – et à une crise financière, participent à l'agitation populaire de l'époque. Même si au départ, les motivations des corps constitués sont plus axées sur leurs propres intérêts que pour une réelle remise en question idéologique du système politique, la réunion des états généraux fait rapidement basculer les choses. Il est alors question de meilleures conditions de vie et de la création d'un gouvernement représentatif. La petite bourgeoisie et la paysannerie luttent côte à côte, bien que les moyens employés et les objectifs ne soient pas exactement les mêmes. Lors du serment du Jeu de Paume, les députés du tiers état se réunissent et s'engagent à ne « jamais se séparer » avant d'offrir au pays une constitution. Quelques membres du clergé, sensibles à la cause des paysans, rallient la lutte. Le 14 juillet, c'est bien le peuple uni qui défile, à l'inverse de ce que l'on veut bien nous faire croire lors des opulentes commémorations militaires.

Faisons une brève parenthèse sur cette célèbre date, car elle me semble importante. Lorsqu'en 2011, la candidate d'Europe Écologie-les Verts, Éva Joly, propose de remplacer le cortège des armées de la Fête nationale par un défilé citoyen, je suis la première à approuver. Enfin une occasion de redonner sa véritable signification au 14 Juillet et ainsi rendre au peuple français la journée que les dirigeants lui avaient dédaigneusement volée jusqu'alors. Mais face à cette idée pleine de bon sens, en résonance directe avec la réelle histoire du pays, la caste politique s'insurge immédiatement contre le projet, jugé ridicule. Pour le coup, en termes de mépris, la convergence politicienne se constitue sans aucune difficulté. Le député Guy Teissier suggère alors à l'écologiste de « retourner en Norvège », tandis que Marine Lepen ironise en demandant si dans un tel cortège, il n'y aurait pas « des stands pour fumer le chichon, aussi ». Quant à François Fillon, il rappelle à Éva Joly que le défilé est avant tout « le symbole d'une armée qui défend la République »[9]. Au lieu de représenter un peuple souverain uni face à l'oppresseur, le 14 juillet est donc devenu le symbole de la gouvernance du pays et de la puissance militaire de la nation. En 2017, devant un Macron prétentieux et un Trump impressionné, c'est un étalage obscène d'armes de guerre coûteuses qui s'opère, tandis que le peuple, censé tenir le premier rôle de la commémoration, est tenu à distance derrière des grilles de sécurité. Un comble. Et je ne parle même pas des 750 000 euros qui partent en fumée le soir même lors du traditionnel feu d'artifice de la Tour Eiffel. Je ne fais pas non plus état des 15 000 autres lancés en France au même instant ni des cordons de sécurité, dont les coûts restent tenus secrets par les ministères des Armées et de l'Intérieur[10]. Pendant ce temps, il est évidemment demandé aux Français de se serrer la ceinture, alors que ce sont leurs impôts qui paient la facture. Pour ce qui est de la République dont fait mention Fillon, au lieu

---

[9] https://www.leparisien.fr/elections/presidentielle/suppression-du-defile-du-14-juillet-eva-joly-provoque-un-tolle-15-07-2011-1533808.php

[10] https://www.rtl.fr/actu/debats-societe/14-juillet-combiencoute-un-feu-d-artifice-7789345306

https://www.bfmtv.com/economie/economie-social/combien-coute-le-14-juillet-aux-contribuables_AN-201907140028.html de lui rendre hommage chaque 14 juillet, il serait à mon avis grand temps de la réinventer. Le dernier roi aux pleins pouvoirs est mort il y a plus de deux siècles, maintenant.

Mais revenons à 1789. Malgré les pertes humaines, le triomphe d'une certaine caste bourgeoise et les difficultés à s'unir, la détermination populaire aura tout de même débouché sur d'immenses avancées démocratiques. Instauration de la première Assemblée nationale constituante, fin de la monarchie absolue, rédaction de la Déclaration des droits de l'homme et du citoyen, naissance de la première république : si la Révolution ne s'est pas faite sans faille, sans heurt ni en un jour, l'union de ses forces aura en tout cas permis de franchir d'importants caps, notamment en termes de souveraineté et de démocratie.

1830 : une alliance temporelle et multisectorielle

Quelques dizaines d'années plus tard, un nouveau soulèvement éclate. La révolution de Juillet se montre à la fois courte et efficace. Après une longue période de tensions face aux maladresses ministérielles, la coalition populaire quasi spontanée jouera certainement un grand rôle dans le succès de la lutte. Il faut dire que la cause est commune : la politique réactionnaire de Charles X touche une grande partie de la population. Le roi menace de supprimer le droit de presse, une atteinte à la liberté d'expression tout récemment acquise. La cherté de la vie et la montée du chômage mettent également le feu aux poudres. La coupe est pleine. En seulement trois jours, on voit s'allier – au moins sur le plan de la temporalité – les artisans, les boutiquiers, les ouvriers, les journalistes, les salariés des commerces et industries, et même les gardes nationaux. La récupération politique des Bourgeois au terme de la lutte, encore une fois, conduira néanmoins à une grande déception. Les ouvriers et les prolétaires verront alors leurs revendications bafouées. Mais les

Insurgés trahis sous le nouveau gouvernement de Louis Philippe ne tarderont pas à se soulever à nouveau.

1848 : une union sanglante

Dix-huit ans plus tard, rebelote. Le peuple s'unit et se soulève contre le gouvernement qui n'entend pas ses volontés : instaurer un suffrage universel, améliorer les conditions de vie des ouvriers ou encore l'interdiction de l'accès au poste de député pour les fonctionnaires en exercice. La monarchie de Juillet est finalement remplacée par la Seconde République et sa constitution. Mais là encore, le prix à payer pour obtenir cette avancée s'avère immense. La répression tragique engendre plusieurs milliers de morts en seulement quelques jours – si l'on ajoute ceux des journées de juin, la même année. Sans compter que les concessions sociales promises ne seront pas tenues. Tout sera mis en place pour restaurer le modèle capitaliste afin de sortir de la crise économique au plus vite, ne renforçant que plus encore la colère sociale.

1871 : la Commune de Paris, modèle de convergence fructueuse

En 1871, on reprend les mêmes et on recommence. Le contexte autoritaire, les conditions de vie laborieuses et la récente défaite de la France face à la Prusse sous Napoléon III sont autant de causes propices à la folle révolution qui suit. Il faut dire que la misère des ouvriers n'a jamais été aussi grande, tandis que la bourgeoisie s'enrichit de plus en plus. Côté travailleurs, les onze heures de travail par jour ne suffisent plus à survivre. L'armistice, vécu comme une injustice, intervient après quatre mois de résistance et de famine durant le siège de Paris. Le peuple parisien ne supporte pas la situation, surtout depuis la constitution de la nouvelle assemblée en février. Celle-ci se compose majoritairement de monarchistes et de bonapartistes, ce qui, dans le cœur des Insurgés, fait ressurgir des ressentiments anciens. Tandis que les Prussiens continuent d'encercler Paris, une véritable insurrection populaire va poindre. Guerre des classes, lutte anticléricale, mouvement anarchiste et anticapitaliste : nombreuses sont les définitions que l'on donnera à cette nouvelle révolution. Journalistes, ouvriers, marchands de vin, petits patrons salariés, travailleurs du métal, hommes et femmes se fédèrent et s'organisent. En mars, les canons, payés de leur poche pour faire face au siège de Paris, sont récupérés par le peuple. Les généraux ordonnent à leurs soldats de faire feu, mais ceux-ci désobéissent. Idem lorsque l'armée tente de récupérer les canons : les troupes fraternisent avec les Insurgés. Les généraux seront abattus le lendemain. Le Conseil de la Commune de Paris, constitué par vote, rassemble de nombreuses tendances politiques socialistes et républicaines, allant des collectivistes aux radicaux, en passant par les anarchistes, les jacobins et les indépendants. Ce gouvernement de la classe ouvrière instaure un système d'autogestion. De nombreux clubs de débats apparaissent çà et là dans les différents quartiers de Paris. Il y est question d'élaborer un nouvel ordre social. Des commissions spécialisées sont créées afin de traiter tous les secteurs de la société : enseignement, finances, guerre, justice, relations extérieures, services publics, subsistances, sûreté générale et travail. Très vite, des mesures sont prises pour améliorer les conditions de la classe prolétaire. Des ateliers abandonnés sont repris par des ouvriers, dont l'encadrement est désormais géré par les travailleurs eux-mêmes. Des fonctionnaires sont élus au suffrage universel et un revenu maximum leur est attribué. Un décret de séparation de l'Église et de l'État, signé par les « communards », entraîne une série d'actes révolutionnaires tels que le retrait des signes religieux des salles de classe, des perquisitions d'églises et même l'exécution publique de religieux.

Comme des graines semées dans un champ fertile, la Commune de Paris fait germer de nombreuses luttes, indépendantes, certes, mais évidemment liées. L'émancipation des femmes, par exemple, marque, sous l'action de Louise Michel, d'Élisabeth Dmitrieff et de bien d'autres militantes, sa toute première étape. La Fédération des Arts de Paris, constituée au même moment, prône quant à elle « le rétablissement des arts qui sont [la] fortune » de Paris. Architectes, lithographes, peintres et sculpteurs, notamment, vont alors œuvrer pour la libération des artistes vis-à-vis du pouvoir[11].

1936 : grève générale

Après deux ans de brouilles internes entre les socialistes et les communistes, ceux-ci décident finalement de s'allier contre la menace fasciste. L'arrivée de la gauche au pouvoir avec Léon Blum fait naître dans le cœur des Français de la classe populaire un vent d'espoir. Il suffit alors du licenciement d'ouvriers dans une usine pour générer un immense mouvement de grève. Spontanée et généralisée à de nombreux secteurs (textile, ameublement, pétrole, chimie…), celle-ci déstabilise patrons comme politiques. Jamais on n'a vu de telles méthodes s'opérer : les grévistes immobilisent l'économie tout en faisant preuve de pacifisme. Après deux mois d'occupation d'usines, le gouvernement met en place des mesures significatives. On retiendra surtout l'instauration des congés payés, énorme avancée sociale.

---

[11] https://macommunedeparis.com/2016/10/23/quelques-mots-sur-la-federation-des-artistes/

1968 : rencontre entre artistes, étudiants et ouvriers

En France, le dernier exemple flagrant d'union des luttes, avant 1995, date de 1968. Les militants de l'époque, spectateurs ou acteurs de nos mouvements sociaux actuels, peuvent encore en témoigner. Je ne vais pas vous faire une leçon d'histoire sur Mai 1968, ce serait mal venu de la part d'une trentenaire. D'autant que l'on connaît déjà la musique, si souvent rabâchée. Mais il est intéressant de remettre les évènements dans leur contexte. Car avec le temps, sur le principe du téléphone arabe, ils ont tendance à s'altérer, à s'enjoliver ou au contraire, à se caricaturer au détriment de la réalité. Pour le coup, contrairement à ce que je disais à propos de la mémoire sélective des êtres humains qui consistait à retenir essentiellement le négatif, on se souvient souvent du général de Gaulle comme d'un type bien. Voire d'un héros. De Fillon à Mélenchon, tout le monde semble l'admirer. Mais malgré les quelques œuvres honorables qu'il aura réalisées – conduite de la résistance française, reconnaissance de l'indépendance des colonies africaines, instauration de la cinquième République, votes par référendums –, Charles de Gaulle n'en restait pas moins un militaire.

Malgré mon penchant antimilitariste, je n'en ai pas contre la profession en tant que telle. Après tout, celle-ci ne constitue qu'un maillon du système guerrier et mortifère dans lequel nous vivons. Chacun choisit son métier en son âme et conscience. Mais lorsque le militaire en question occupe le poste de président de la République, cela m'interpelle. Car par définition, un « général » ne peut s'opposer au principe d'ordre ou de hiérarchie. Pire : il aura tendance à revendiquer la nécessité de la concentration des pouvoirs et de l'obéissance aveugle du peuple. Et la suspicion se confirme : de Gaulle, issu d'une famille conservatrice et catholique, se dira lui-même monarchiste. Durant ses deux mandats, le premier ayant démarré à la suite d'un coup d'État – bien que suivi par un vote d'investiture –, il instaure ainsi une politique autoritaire. Le référendum mettant en jeu sa démission en 1969, un défi respectable de la part du président, surgit bien trop tard. Durant les dix ans de pouvoir du général, la propagande présidentielle, relayée par l'ORTF, et les violences policières font partie du quotidien des Français. Rappelons, par exemple, les tueries du 17 octobre 1961 et le massacre de Charonne en 1962, durant des manifestations pacifiques contre la guerre d'Algérie. Le préfet Maurice Papon, responsable de ces crimes, n'a été remplacé par le gouvernement qu'en 1967. C'est dans ce contexte politique rude que naît le bien célèbre mouvement de Mai 1968 et tout ce qu'il implique en termes d'union.

Pour une fois, l'économie ne joue aucun rôle dans le soulèvement populaire. À l'inverse des insurrections passées, celle-ci a lieu au terme des Trente Glorieuses. Pour autant, le nombre de chômeurs s'accroît et les conditions de travail se détériorent. Mais là n'est pas la seule cause profonde du mal-être. La société est en pleine transition sur le plan de la culture comme des modes de vie. La France est partagée entre l'héritage catholique et conservateur encore très puissant, notamment à l'école et dans les familles, et la libération des mœurs à laquelle la jeunesse aspire.

La suite, vous la connaissez : les deux mois de manifestations et de grève générale débouchent sur les Accords de Grenelle et la hausse du SMIC, mais surtout sur un vrai changement de modèle sociétal. La mobilisation, bien que marquée par une grande répression policière, marque un tournant fondamental dans le quotidien des Français et découle sur de nombreux progrès sociaux à plus ou moins long terme : de plus en plus d'écoles mixtes sont créées, le poids de l'Église s'affaiblit, l'émancipation des femmes se traduit par l'accès aux contraceptifs et à l'avortement, l'autorité parentale perd de son « sacré »...

En vous faisant brièvement cet état des lieux de l'un des plus célèbres mouvements sociaux du pays, je veux avant tout mettre le focus sur les actes de convergence qui ont permis son efficacité. Car Mai 1968, c'est avant tout un contrat tacite qui a uni, contre toute attente, étudiants, ouvriers et intellectuels face à l'ordre oppresseur. Cette unification des luttes est d'autant plus étonnante qu'à cette époque de ségrégation sociale, aucun de ces groupes ne se côtoyait. Certains, même, s'ignoraient. *« Jusqu'en 1968, je n'étais pas conscient des usines ou de la classe ouvrière. À cette époque, j'ai commencé à remarquer un monde impressionnant qui existait autour de nous et qui avait le pouvoir de mener le pays à une paralysie en cessant de travailler. Les drapeaux rouges pendaient aux portes des usines. J'avais vingt ans, ce fut un choc »*[12], raconte par exemple Jean-Pierre Thorn, réalisateur. Le nombre de témoignages relatant avec émotion la confrontation entre les différents groupes sociaux est phénoménal. Ces récits personnels, trop peu mis en avant lorsque l'on raconte cette période, montrent pourtant une face non négligeable de la lutte, celle de la fraternité. Sans celle-ci, il me semble que le soulèvement n'aurait pas eu autant d'impact. En tout cas, humainement parlant et sur un plan logistique, cette rencontre étonnante entre des mondes parallèles qui ne s'abordent jamais, n'aura été que bénéfique.

Si en 68, les ouvriers vont à la rencontre des étudiants, par exemple, c'est avant tout pour répondre à des problèmes pratiques. Les lieux et les outils qu'offrent alors les universités pour ces militants traqués dans leurs propres usines leur permettent une certaine liberté. De cette jonction, largement encouragée par le comité d'action étudiants-écrivains Censier au mois de mai, naissent des évènements coordonnés ainsi que des échanges enrichissants. Les frontières sociales qui s'étaient solidement bâties entre les étudiants, les ouvriers et les artistes s'effritent sérieusement, entraînant par la même occasion la chute des aprioris et des préjugés dans chaque camp. Délestés de ce fardeau, les militants ont pu se recentrer sur des points de convergence et des objectifs communs. On se souvient par exemple de l'occupation du

---

[12] https://www.monde-diplomatique.fr/2005/03/ROSS/11990

Théâtre de l'Odéon à Paris par le Comité d'action révolutionnaire[13]. Dans son communiqué de l'époque, celui-ci annonce l'officialisation de l'union des ouvriers, des étudiants, des artistes et des comédiens dans ce lieu symbolique afin d'encourager la réflexion collective et la lutte *« sur les lieux de la culture bourgeoise »* contre *« la diffusion du spectacle-marchandise »*[14]. Toujours dans le cadre du Comité révolutionnaire d'agitation culturelle (Crac), des musiciens iront à la rencontre des ouvriers au sein même des usines ainsi que par le biais de tournées en milieu rural où ils apprendront des chants libertaires aux populations.

Alors si pour certaines personnalités, l'union n'a pas été suffisante ni concrète durant Mai 1968 – dixit Raphaël Denys[15] – le cloisonnement entre les différents milieux a manifestement été ébranlé. Outre certaines divergences et incompréhensions qui ont souvent fait irruption entre les groupes, ceux-ci ont fait l'effort de se rencontrer et de débattre. Ils ont travaillé conjointement pour une libération des conditions de vie, que ce soit dans leurs fonctions respectives ou sur un plan plus global. À titre individuel, chaque milieu a été récompensé. La révolution culturelle a permis de faire sauter certaines barrières entre les genres musicaux, par exemple, ainsi que sur la liberté d'expression. Les accords de Grenelle, alors qu'ils avaient d'abord été rejetés par la base, se sont avérés bénéfiques pour les ouvriers, avec l'augmentation des salaires et la mise en place de la 4e semaine de congés payés, notamment. Côté étudiants, la mixité dans les salles de classe, la création des conseils universitaires et l'abaissement de l'âge de la majorité constituent quelques-unes des conséquences positives. Par ailleurs, bien d'autres avancées sociales ont

---

[13] Cette occupation a d'ailleurs été reproduite tout récemment par les intermittents du spectacle face à la fermeture des théâtres durant la pandémie du Covid-19.

[14] Vidéo de l'INA (https://enseignants.lumni.fr/fiche-media/00000000106/l-occupation-de-l-odeon-en-mai-1968.html).

[15] *« Mais jugulé par les syndicats l'union espérée entre intellectuels et ouvriers n'aura pas lieu »*, Raphaël Denys, revue *La règle du jeu*, article *L'héritage de mai 68*, 18 avril 2012 (https://laregledujeu.org/2012/04/18/9689/lheritage-mai-68/).

indirectement découlé du mouvement sur le plus long terme, notamment pour le droit des femmes et des homosexuels.

L'union des forces a manifestement joué un rôle dans les avancées obtenues à la suite des différentes révoltes françaises. La synchronicité observée entre convergence des corps de métier et avancées sociales constitue une preuve évidente de ce lien de cause à effet. Et même lorsque le succès des luttes est remis en question, les bénéfices humains de ces alliances, parfois étonnantes, sont indéniables.

Face à un peuple uni, des stratégies de déstabilisation identiques

Un étonnant point commun lie les soulèvements des populations contre la politique menée. Outre les origines des maux qui se ressemblent à chaque fois, c'est la réaction de l'opposition qui s'avère constante. À chaque insurrection, l'analyse du camp adverse se répète. Comme si seulement quatre ou cinq éléments de langage figuraient dans la parfaite bible du discrédit des révolutionnaires que l'on pourrait appeler : Comment détruire l'image d'un mouvement qui dérange la bourgeoisie. De la Révolution française aux Gilets jaunes, les « ennemis » à la souveraineté populaire ne renouvellent pas leur vocabulaire. Mieux : ils utilisent toujours les mêmes formules. À quoi bon changer de stratégie lorsqu'elle fonctionne ?

Maxime du Camp, écrivain ouvertement hostile à la Commune de Paris, dresse à l'époque un portrait très « 2019 » des militants : *« Malgré certaines apparences et malgré leur uniforme, les bataillons fédérés n'étaient point une armée ; c'était une multitude indisciplinée, raisonneuse, que l'alcoolisme ravageait »*. L'intellectuel n'hésite pas à assimiler les insurgés à des ignorants et à des fainéants : *« Au point de vue moral, la plupart ne savaient pas pourquoi ils se battaient ; presque tous trouvaient *le métier fort dur et ne le faisaient qu'en rechignant »*[16]. Cela me rappelle immédiatement l'image donnée aux Gilets jaunes dans les grands médias ainsi que par le gouvernement. Je me souviens de ces articles de presse et discours politiques mettant en avant les incidents en marge des manifestations, offrant tout le loisir aux citoyens d'en tirer des conclusions généralistes.

Sur RTL, au lendemain de la première manifestation en 2018, le ministre de l'Intérieur Christophe Castaner lui-même n'avait pas manqué d'associer Gilets jaunes et alcool lors de son compte rendu[17]. Emmanuel Macron n'a eu de cesse de répéter que si certains Français manifestaient leur mécontentement, c'était simplement parce qu'ils n'avaient pas bien compris les réformes annoncées et qu'il fallait mieux leur expliquer[18]. « Faire preuve de pédagogie » est alors devenu une doctrine répétée en boucle par les membres du gouvernement. Gilles Legendre, député LREM a même déclaré que dans la mise en place de ses réformes, l'erreur du gouvernement était d'avoir été *« trop intelligent, trop subtil, trop technique »*[19]. Une façon sympathique de dire que le peuple est trop bête pour comprendre. Une méthode qui permet aussi d'éviter de se rendre à l'évidence : c'est justement parce qu'il a bien compris que le peuple manifeste son indignation ! D'autant que le mot « pédagogie », du grec paidos – enfant – et gogía – amener, conduire[20] –, évoque clairement l'infantilisation des Gilets jaunes et donc leur nécessaire obéissance aveugle.

---

[16] Maxime du Camp, *Les convulsions de Paris*, Tome II, Épisodes de la Commune, Paris, Hachette, 1881, chapitre II, pages 55-56.

[17] https://www.rtl.fr/actu/politique/gilets-jaunes-ll-y-a-eu-282-interpellations-annonce-christophe-castaner-sur-rtl-7795615489

[18] Un exemple parmi tant d'autres : https://www.marianne.net/politique/quand-ecoute-et-qu-explique-generalement-arrive-comprendre-macron-renoue-avec-la

[19] https://www.nouvelobs.com/politique/20181217.OBS7228/gilles-le-gendre-notre-erreur-est-d-avoir-probablement-ete-tropintelligents-trop-subtils.html

[20] https://lesdefinitions.fr/pedagogie-critique

Plus récemment, c'est Roselyne Bachelot qui a parlé de pédagogie au sujet du pass sanitaire. La ministre de la Culture a annoncé que la première semaine de la rentrée 2021 serait « pédagogique » avant l'administration de sanctions aux employeurs qui ne respecteront pas les obligations sanitaires, allant « jusqu'à l'emprisonnement »[21].

En 1936, tous les coups sont également permis pour noircir le portrait des grévistes. La droite et l'extrême droite disent par exemple que les bolcheviks ont orchestré les grèves depuis Moscou[22]. Dans son ouvrage *Le Front Populaire*, Jean Vigreux raconte que *« même le patronat essaie de discréditer le mouvement gréviste. En Moselle, de Wendel coupe le gaz à la population messine, les 28 et 29 juin, reportant la faute sur les grévistes »*. Il ajoute que la *« presse de droite et d'extrême droite s'insurge contre les violations de propriétés, [...] les salopards en casquettes, les bolcheviks. [...] Léon Jouhaux, secrétaire général de la CGT, est alors accusé d'être responsable de tous les maux du pays. Il est tantôt grand organisateur du désordre, des grèves sur le tas ou promoteur de la paresse »*[23]. Cela me ramène à nouveau à 2020, quand en plein mouvement contre la réforme austéritaire des retraites, la une du journal Le Point titre au-dessus d'une photo d'un Philippe Martinez grimaçant *« Comment la CGT ruine la France »*[24].

Il faut dire que la grève générale que nous avons vécue – avant que l'épidémie du coronavirus ne mette tout à l'arrêt et ne donne l'occasion au gouvernement de sortir la carte du 49.3 pour définitivement classer le dossier retraite – ressemble beaucoup à celle lancée en 1936, notamment sur le plan de la convergence des corporations.

---

[21] https://www.francetvinfo.fr/sante/maladie/coronavirus/pass-sanitaire/video-covid-19-le-pass-sanitaire-pour-les-salaries-est-une-mesure-de-sante-publique-strictement-defend-la-ministre-de-la-culture_4753293.html

[22] https://www.monde-diplomatique.fr/2016/06/NOIRIEL/55736

[23] *Le Front Populaire*, Jean Vigreux, Puf, 2011, collection Que sais-je.

[24] Journal *Le Point*, n°2473, 2020.

Révolutions convergentes dans le monde

La France n'est évidemment pas le seul pays détenteur de révolutions ou d'unions populaires. Bien au contraire. La Révolution russe, la marche du sel en Inde, le Printemps arabe, la Révolution espagnole et les révoltes contre l'apartheid sont autant de mouvements fédérateurs qui ont marqué les esprits. On a aussi pu assister à de brefs épisodes de convergence relevant quasiment du miracle, alliant par exemple le mouvement pour les droits des homosexuels aux travailleurs des mines à l'occasion des grèves de 1984 au Royaume-Uni[25]. Les révolutions et mouvements de contestations, si on les recensait tous, ne tiendraient pas dans un seul ouvrage. Je suis moi-même estomaquée par le nombre de révoltes qui ont dessiné les époques et les continents depuis le début de l'humanité. Je ne vais donc pas les passer en revue, ce qui serait à la fois inutile et rébarbatif. Je ne compte pas non plus lister chaque évènement qui a pu engendrer des coordinations sociales, car les exemples seraient trop nombreux. Toutefois, à travers ces quelques évènements internationaux, il me semblait intéressant de relever une certaine synchronicité. Car les notions de temps et d'espace entrent elles aussi en convergence lorsqu'il s'agit de révoltes populaires.

Convergence temporelle : des raisons politiques

---

[25] Kate Kellaway, *When miners and gay activits united : The real story of the film Pride*, The Gardian, 2014 : https://www.theguardian.com/film/2014/aug/31/pride-film-gay-activists-miners-strike-interview.

Pour se rendre compte du phénomène de temporalité, il suffit de faire la liste des soulèvements dans le monde et dans l'Histoire. Dans ce domaine, on observe clairement des époques plus productives que d'autres. Il y a même une surprenante quantité de mois et de jours communs à différentes civilisations. Comme si les peuples s'étaient donné des rendez-vous internationaux pour une révolution conjointe. Une convergence temporelle. Dommage que localement, à notre époque, il soit si difficile d'organiser des manifestations sur un lieu, une date et une heure identiques.

Toujours est-il que périodiquement, à intervalles réguliers, des vagues de colère ont enseveli une partie du globe. Est-ce dû à la communication ? Aux médias ? Au fait que les peuples se donnent l'impulsion les uns les autres ? Tout cela, sans doute, mais pas seulement. Car les exemples étaient aussi nombreux bien avant internet alors qu'il fallait décrocher le téléphone, voire embarquer dans un bateau pour pouvoir communiquer entre deux pays éloignés. Hasard ? Certainement, mais pas uniquement. Je penche davantage pour la similarité des contextes politiques. Vous prenez des graines, vous les plantez dans le même terreau à deux endroits opposés de la planète, elles pousseront de la même façon. À condition bien sûr que le climat soit similaire. Nous l'avons vu, les insurrections populaires démarrent de la même manière sur des problèmes d'inégalités et de privation de liberté en temps de crise économique. Un climat similaire, donc, qui se propage de différentes manières.

Un texte extrait de l'un des nombreux travaux de Jack A. Goldstone en la matière nous expose le phénomène des vagues de révolutions. Ce sociologue américain, qui a longuement étudié le sujet des révolutions, y expose ses observations et le constat est sans appel. Après avoir démontré la similitude entre les modèles politiques dans le monde basés sur *« des bureaucraties centralisées et des armées nationales pour contrôler des sociétés qui, localement, sont fondées sur les rapports entre propriétaires et paysan »*[26], le sociologue démontre un schéma temporel étonnant. « *De 1500 à 1850, le type étatique prédominant dans toute l'Eurasie est la monarchie ou l'empire agraire faiblement bureaucratisé. Bien sûr, tous ces États sont sujets à des accès récurrents de révoltes et de révolutions. Ce qui est surprenant, c'est que dans tous ces États rébellions et révolutions ne se produisent pas de manière aléatoire, mais en deux vagues synchronisées »*[27]. L'auteur illustre son propos par une liste de révoltes qui ont frappé les nombreux États d'Europe et d'Asie jusqu'à 1660, avant de laisser place à un siècle de paix – ou presque. En réalité, si les révoltes ont perduré durant cette « trêve », elles ont été moins violentes, moins rapprochées, moins spectaculaires et nettement moins marquantes. Cent ans de prospérité et de paix sociale avant une nouvelle vague de soulèvements. Dès 1770, les révoltes reprennent quasiment au même moment sur les deux continents.

L'information, particulièrement intéressante, me laisse sans réponse, car l'article, non traduit, prend fin. Je décide de contacter ce spécialiste pour connaître l'opinion de quelqu'un qui a voué sa vie à ce sujet et qui possède une vision globale des révolutions. Par chance, alors que je lui demande comment il explique l'apparition de vagues synchronisées en matière d'insurrections, Goldstone me répond.

Selon lui, la cause de la diffusion des révoltes à travers le monde dans un temps restreint est liée à trois phénomènes. Il nomme le premier *« vulnérabilité sous-jacente des régimes »*. Par des évènements massifs, et ainsi communs à plusieurs pays (guerres, migrations, crises économiques), des révoltes semblables sont susceptibles d'émerger, révoltes qui ne sont que des conséquences d'un mal partagé. La deuxième cause probable de ces vagues de soulèvements est celle de la

---

[26] *Revue française de sociologie*, 1989, p. 405-429, article « Révolutions dans l'histoire et histoire de la révolution », Jack A. Goldstone (https://www.persee.fr/doc/rfsoc_0035-2969_1989_num_30_3_2620).

[27] Idem

propagation de *« courants de pensée »*, considérant les régimes en place comme les responsables des injustices. Enfin, Jack A. Goldstone justifie ces révoltes synchrones par les moyens de communication alors en place. Grâce à ces outils, les peuples ont pu imiter les modèles de révoltes inspirants, tandis que les dirigeants ont reproduit les réactions politiques efficaces dans ce genre de situation.

On peut alors se demander comment ces synchronicités pouvaient avoir lieu aux époques où la communication était difficile, voire impossible. Car entre l'an 700 et 900, de nombreuses rébellions contre les pouvoirs en place ont éclaté en Afrique (révolte des troupes arabes de Tunisie contre les Aghlabides, par exemple), en Asie (pas moins de dix révoltes, dont celle des Zanj, esclaves noirs, en Irak) et en Europe (révolte saxonne contre Charlemagne, entre autres)[28]. Pourtant, à ce moment-là, les courants de pensée, les idéologies et les modèles révolutionnaires n'avaient pas encore eu l'occasion d'être communiqués au-delà des frontières. Dès lors, comment expliquer ces soulèvements populaires similaires et coordonnés sur les différents continents ? Et comment comprendre la coexistence de modèles politiques identiques à travers le monde, engendrant ces séries de rébellions ? Quelques pistes me semblent intéressantes.

La thèse de l'idéosphère

Le mot *« idéosphère »*, inventé pour la première fois par Richard Dawkins dans son ouvrage *Le Gène égoïste* paru en 1976, caractérise un concept selon lequel les idées, comme les êtres vivants, connaîtraient leur propre évolution et ainsi se rejoindraient en une dimension

---

[28] https://fr.wikipedia.org/wiki/Chronologie_de_r%C3%A9volutions_et_de_r%C3%A9bellions

conjointe. Si cela ressemble de prime abord à de la science-fiction – le terme a d'ailleurs été repris par Bernard Werber dans son encyclopédie[29] – ou à du mysticisme, l'hypothèse reste probable. D'autant que celle-ci pourrait s'expliquer de façon totalement rationnelle et scientifique.

Après tout, les idées sont créées à partir de notre cerveau. Celui-ci étant un organe du corps humain, pourquoi n'évoluerait-il pas de la même façon et au même rythme, quel que soit l'endroit où se trouvent les êtres humains ? Notons que les pensées sont créées par des impulsions électriques générées à la fois par les neurones, les synapses et les neurotransmetteurs[30]. Nous savons désormais que les arbres communiquent par leur réseau racinaire et les filaments des champignons, par le biais, notamment, de signaux électriques[31]. On pourrait ainsi imaginer une liaison simultanée et interplanétaire entre les humains ou au sein de l'ensemble des êtres vivants. Aucun élément ne me permet de prouver quoi que ce soit et encore moins d'affirmer la moindre conclusion. Néanmoins, l'idée est tout à fait plausible.

En effet, que cela résulte du hasard ou d'un mécanisme naturel restant à démontrer, un phénomène peut être noté. Certaines grandes découvertes scientifiques et inventions ont été réalisées simultanément par des personnes différentes, situées à des milliers de kilomètres les unes des autres, sans même qu'elles ne se consultent. Et ça, c'est une certitude. La théorie de l'évolution par Charles Darwin et Alfred Russel

---

[29] *Encyclopédie du Savoir Relatif et Absolu*, 1993, Albin Michel

[30] https://www.rts.ch/decouverte/sante-et-medecine/corpshumain/4642658-quel-processus-biochimique-permet-d-emettredes-pensees-nos-pensees-sont-elles-une-forme-d-energie-relieesentre-2-ou-plusieurs-poles-et-dont-on-pourrait-mesurer-lapuissance-.html

[31] https://www.lemonde.fr/sciences/article/2016/02/29/les-plantes-ces-grandes-communicantes_4873936_1650684.html

Wallace en 1858 et 1859[32], le phonographe par Thomas Alva Edison et Charles Cros en 1877[33], la particule psi par Burton Richter et Samuel Ting en 1974[34], ou encore le téléphone par Alexander Graham Bell et Elisha Gray en 1876[35], sont autant d'évènements apparus en même temps, à différents endroits du monde. Là encore, on pourrait y voir le résultat de la communication moderne, les progrès technologiques et les publications scientifiques engendrant des études similaires dans un temps restreint, quel que soit le lieu géographique. Or, le constat se révèle être identique pour les découvertes plus que primaires.

La domestication du feu, par exemple, aurait été maîtrisée pour la première fois entre 400 000 et 300 000 ans « avant le présent », un peu partout sur la Terre[36]. Si à l'échelle d'une vie humaine, la période semble longue, à l'échelle de l'histoire de l'humanité, cette fourchette reste très courte. Des traces de foyers entretenus ont en effet été clairement identifiées et datées à cette période, pourtant dénuée de systèmes de communication, que ce soit en Chine, en France ou en Hongrie. En Afrique, les foyers retrouvés sont certes plus anciens, mais ils pourraient résulter d'incendies naturels non entretenus. De la même manière, l'invention de la roue a été datée entre 4000 et 3000 ans av. J.-C., quel que soit le continent, sauf chez les peuples autochtones d'Amérique latine où elle est apparue plus tard. Mais l'historien Jared Mason

---

[32] https://www.sciencesetavenir.fr/fondamental/histoire-des-sciences/le-naturaliste-alfred-wallace-200-ans-dans-l-ombre-de-darwin_168718

[33] https://www.universalis.fr/encyclopedie/paleophone-de-charles-cros-et-premier-enregistrement-de-la-voix-humaine-par-edison/

[34] https://www.lemonde.fr/archives/article/1976/10/19/bull-physique-mm-richter-et-ting-pour-leur-decouverte-d-une-nouvelle-famille-de-particules_2950551_1819218.html

[35] https://www.pourlascience.fr/sr/histoire-objets/linventiondu-telephone-2753.php

[36] https://www.prehistotir.com/savoir-et-connaissance/histoire-du-feu/le-feu-par-percussion/

Diamond explique ce décalage par l'absence d'animaux de trait chez les Amérindiens[37].

Les théories autour de l'origine des langages tendent aussi à démontrer une certaine simultanéité dans l'évolution du comportement des humains à travers le monde. Je mets de côté la thèse religieuse qui raconte qu'un seul langage liait les Hommes jusqu'à l'épisode de la tour de Babel, où Dieu, en colère, décide de diviser les langues. Toutefois, bien que l'origine des langues reste encore un mystère non élucidé, de nombreux linguistes s'accordent sur l'existence de liens de parenté entre les dialectes. Si certains parlent d'une seule langue originelle commune – la monogenèse –, d'autres penchent pour l'existence de plusieurs langues originelles – la polygenèse. Dans tous les cas, les scientifiques s'entendent sur le fait que 300 familles forment une base commune à nos 6 000 langues actuelles[38]. Quelle que soit l'origine exacte des langues, ce consensus scientifique me conforte davantage dans l'idée que les pensées et les modes de vie des Hommes progressent de la même façon, en dépit des frontières géographiques. Car si chaque peuple a imaginé un langage différent, cela reste un langage et, à ce titre, chacun a donc inventé un code similaire pour communiquer, sans même le savoir ni se concerter. Et si d'aventure il s'avère que nos ancêtres ont inventé une seule et même langue servant de base aux suivantes, ma foi, il s'agirait là d'une prouesse sur le plan de la coïncidence ou de la convergence des idées.

Quoi qu'il en soit, donc, tout me pousse à penser que les humains sont beaucoup plus liés qu'ils ne le croient.

---

[37] https://www.futura-sciences.com/sciences/questions-reponses/histoire-date-invention-roue-6799/ et https://fr.wikipedia.org/wiki/Roue

[38] http://www.axl.cefan.ulaval.ca/monde/origine-langues.htm

Quelques vagues de révoltes à l'international

Pour en revenir aux révolutions dans le monde, voilà donc ce qui me semble intéressant : outre le fait qu'elles aient été nombreuses et diverses, c'est bien leur temporalité qui m'interpelle, et notamment sous la forme de vagues.

- 1968 : Des États-Unis à l'Europe

Si nous avons déjà abordé la question sur le plan national, il est utile de se pencher sur l'angle international de cet évènement. Car à la fin des années 1960, tandis que Paris vit son célèbre mois de mai, le reste de la planète connaît également sa propre transition. Un peu partout, l'esprit contestataire couve depuis plusieurs années. Mais en 1968, la révolte éclate de toute part. La révolution culturelle occidentale se répand comme une traînée de poudre sur toute la surface du globe.

Aux États-Unis, elle est impulsée depuis 1964 par la guerre du Vietnam qui inspire de nombreux artistes. La jeunesse se lève alors pour la liberté d'expression politique – avec le Free Speech Movement – et contre la guerre, l'autoritarisme et la discrimination envers les Noirs. En 68, avec l'engagement de 500 000 soldats américains et l'assassinat de Martin Luther King, de violentes émeutes éclatent sur le continent nord-américain. À cette occasion, on observe un mouvement de convergence plus qu'étonnant : la Rainbow Coalition, une alliance réunissant les Young Patriots (salariés précaires de Chicago, adoptant tous les codes ou presque des suprémacistes blancs, de la musique aux armes en passant par la tenue et les drapeaux) et les Black Panthers. Cette union, qui relève alors du miracle, rassemble ainsi les luttes antiraciste et anticapitaliste pour des questions logistiques, mais aussi d'évidence.

L'objectif commun, à savoir vivre plus dignement, s'avère plus fort que les divergences[39].

En Europe, les étudiants et les ouvriers se soulèvent à l'unisson de territoire en territoire. D'abord en Italie, avec le début d'une décennie de luttes rythmées par la répression gouvernementale, des attentats et des scènes de violences inouïes. La vague déferle sur l'Allemagne, la Belgique, les Pays-Bas, le Royaume-Uni ou encore l'Espagne. Malgré des contextes politiques différents, une même toile de fond contestataire unit les pays en lutte : c'est avant tout un soulèvement pour les libertés individuelles, de meilleures conditions de vie et une rupture avec le modèle sociétal conservateur et autoritaire.

Tandis que l'Europe de l'Est est toujours sous le joug de l'URSS, les peuples se lèvent pour plus de liberté et de démocratie. Ainsi débute le Printemps de Prague en Tchécoslovaquie et des révoltes étudiantes en Yougoslavie et en Pologne.

Ça fait beaucoup de pays pour une seule année, vous ne pensez pas ?

- 2011 : L'exemple du Printemps arabe

En 2011, apparaît un autre bel exemple de révolte coordonnée, autant géographiquement que temporellement. Cette série de contestations populaires, qui concerne l'Afrique du Nord et le Proche-Orient, a été baptisée Printemps arabe, car elle faisait étrangement écho au Printemps des peuples (1848) et au Printemps de Prague (1968).

Certains diront qu'en termes de modes de vie, les peuples arabes ont un train de retard. Mais en réalité, ce sont les méthodes utilisées par

---

[39] Michael McCanne, *The Panthers and the Patriots* : https://jacobin.com/2017/05/black-panthers-young-patriots-fred-hampton

leurs dirigeants qui sont moyenâgeuses. Les images de Kadhafi brandissant un sceptre et se proclamant « roi d'Afrique » suffisent à décrire le contexte sociétal de la Lybie cette année-là. Et le poids des traditions et de la religion, interférant toujours dans les décisions politiques de quelques territoires, équivaut à celui de la France il y a un siècle. Dans certains États, on coupe encore les doigts des voleurs et on jette des pierres aux femmes soupçonnées d'adultère. Selon le calendrier islamique, nous sommes en 1441. Ceci expliquerait-il cela ?

Quoi qu'il en soit, un autre évènement a probablement freiné la possible émancipation des peuples arabes sur leurs propres autorités locales. Car durant un siècle, il a fallu se soumettre, puis se soulever contre l'empire colonial européen. Et je ne parle même pas du sud du continent africain, qui a subi la domination des envahisseurs occidentaux de 1450 à la fin du XXe siècle. L'indépendance des colonies françaises en Afrique du Nord, notamment, n'est que très récente. Et la colonisation massive a laissé des traces qui rendent difficile toute rébellion, mais qui, loin de démoraliser les peuples, les déterminent davantage à construire une autre société.

Sur le blog d'actualités Nawaat.org, Sadri Khiari, membre fondateur du Conseil national des libertés en Tunisie et auteur, entre autres, résume parfaitement la situation et la vigueur avec laquelle les révolutionnaires souhaitent s'émanciper et bâtir un nouveau modèle :

« Nous, les Arabes, nous sommes en retard », soupirons-nous depuis plus d'un siècle. Des flots de larmes impuissantes inondent les colonnes de nos journaux. Une véritable diarrhée lacrymale. Et nous demandons à l'Europe qui rigole en douce de nous tendre la main : « Nous, les Arabes, nous sommes en retard. Soyons modernes ! ». En fait, nous passons notre temps à courir pour rattraper un train qui est derrière nous. L'Europe n'est pas notre avenir ; elle est notre passé. »[40]

---

[40] Sadri Khiari, blog Nawaat, *Les Arabes sont-ils « en retard » ?*, 2016 (https://nawaat.org/2016/06/20/les-arabes-sont-ils-en-retard/).

Ceux que certains qualifient d'arriérés seront peut-être nos modèles demain, qui sait ? En attendant, aussi délicate et lente soit-elle, la transition est bien en route. La révolution de 2011 représente certainement une étape historique essentielle à cette transformation sociale et politique, ne serait-ce que sur le plan de la coordination. Tel un jeu de domino, le premier soulèvement a entraîné une vague impressionnante de révoltes populaires. Il a suffi de l'immolation de Mohammed Bouazizi, un jeune vendeur de légumes en Tunisie, fin 2010, pour déclencher ce qui bouillonnait depuis bien trop longtemps dans le cœur des Maghrébins. La colère a d'abord éclaté dans ce même pays par le biais de manifestations avant la fuite du président Ben Ali, en janvier 2011.

Les mobilisations se poursuivent alors et débordent sur les territoires frontaliers. On assiste très vite à un soulèvement massif et pacifiste en Algérie, en Égypte, en Jordanie, en Mauritanie, au Yémen ou encore en Syrie. En fait, seuls le Qatar et les Émirats arabes unis seront « épargnés » par les manifestations entre janvier et mars. Dans ces deux pays, la révolte, bien qu'essentiellement intellectuelle et réglée par la voie judiciaire, ne sera pas inexistante pour autant. Quel que soit le pays, les revendications sont quasiment les mêmes : une réelle démocratie, de meilleures conditions de vie, la fin de la corruption ou encore de plus grandes libertés individuelles.

Selon Stéphane Lacroix, professeur de science politique à Sciences Po, si le mouvement a pris tant d'ampleur dans cette partie du monde à cette période-là, ce n'est pas un hasard. C'est à la fois parce que la colère a été accumulée depuis de longues années – la population gardait en mémoire les soulèvements arabes de 1980 –, mais aussi parce que les réseaux sociaux ont aidé à la communication entre les peuples. Le partage des vidéos a donné une certaine impulsion qui n'avait pas lieu d'être auparavant. *« Le Printemps arabe de 2011 »*, dit-il, *« c'est la conjonction assez extraordinaire de mouvements de ce type dans différents pays qui vont se renforcer les uns les autres, selon une dynamique de diffusion faisant naître partout le sentiment que « c'est possible » et provoquant ainsi le jeu de dominos que l'on sait. Mais là encore, tout cela s'inscrit dans une histoire certainement plus longue »*[41]. Car si une dizaine d'années après ces émeutes, le constat, dans l'ensemble, est plutôt négatif, selon Stéphane Lacroix et d'autres, le livre ne serait pas encore terminé. Oui, les violences qui ont suivi les manifestations du Printemps arabe ont été traumatisantes. Oui, les victimes ont été nombreuses. On compte près de 70 000 morts et quelques dizaines de milliers de blessés. Bien que non violentes, les contestations populaires ont débouché sur les guerres du Yémen, de la Syrie et de la Lybie. Et même si quatre dictateurs sont tombés à la suite de cette contestation massive, les nouveaux leaders ne semblent pas amorcer le système démocratique rêvé par les peuples. Néanmoins, selon le professeur, il s'agit de voir les évènements sur un plan global et d'appréhender les conséquences sur le long terme. La révolte de 2011, comme avant elle, celle de 1980 dans ces mêmes pays, aurait semé les graines d'un avenir potentiellement meilleur.

En février 2019, de nouvelles manifestations d'une ampleur exceptionnelle éclatent en Algérie, chaque mardi et vendredi. Depuis lors, le mouvement, surnommé Hirak – « mouvement » en arabe – n'a jamais cessé. Et pour s'appuyer à nouveau sur l'analyse de Stéphane Lacroix, toutes les conditions seraient réunies pour que d'autres révoltes éclatent à nouveau sur le territoire nord-africain, notamment en Égypte. Les quelques manifestations organisées en septembre de la même année contre le régime de Abdel Fattah al-Sissi pourraient même être vues comme les prémices d'une rébellion à venir.

« Le prochain soulèvement arrivera là où s'ouvrira une opportunité ; où les conditions objectives pourront déboucher sur des conditions subjectives. À un moment, ce sont de petits riens qui s'ajoutent les uns aux autres. Peu

---

[41] https://www.imarabe.org/fr/magazine/regard-sur-les-printemps-arabes

de choses au départ peuvent ouvrir une brèche, comme cela s'est produit en Tunisie. La question, c'est de savoir quand elle s'ouvrira »[42].

Accélération et émergence des soulèvements

À mesure que j'étudie les révolutions dans l'Histoire et dans le monde, je me rends compte à quel point elles se rapprochent dans le temps et s'étalent dans l'espace. Les périodes de paix sociale ou plutôt d'obéissance lasse et/ou aveugle – car y a-t-il déjà eu de politique réellement paisible ? – s'écourtent progressivement. Des peuples qui ne s'étaient jamais massivement soulevés rejoignent peu à peu la danse.

Le cas Standing Rock

En 2016, par exemple, on note l'impressionnant blocage du projet de construction d'oléoduc à Standing Rock, une réserve amérindienne. Ce n'est alors pas la première fois qu'une tribu montre son mécontentement, mais jamais dans ces proportions. Est-ce dû à la grandeur du projet (1 900 kilomètres de long sur quatre États et 200 fleuves) ou aux enjeux environnementaux (un forage prévu dans le Missouri risquerait de polluer massivement l'eau) ou encore à l'important relais médiatique de l'époque ? Toujours est-il que le peuple sioux ne s'est jamais montré autant déterminé à faire obstruction à un projet gouvernemental.

---

[42] Idem

Les manifestants autochtones, qui ont monté un camp géant d'avril à décembre 2016, sont soutenus dès l'été par des activistes écologistes. Quant aux conflits ancestraux qui continuent d'opposer les différentes tribus, ils sont alors momentanément écartés au profit de la cause commune. Ainsi, les Lakotas et les Pawnee rejoignent la lutte, mettant de côté leurs griefs réciproques. L'eau, berceau de la vie, prime sur toute divergence[43]. À la fin de l'année, ce sont des milliers de manifestants qui occupent Standing Rock, affichant leur diversité comme leur union. De nombreuses personnalités communiquent également leur soutien à la cause des contestataires et des activistes révolutionnaires, tels que l'Armée zapatiste de libération nationale, répondent présents à l'appel[44]. Bientôt, les médias du monde entier relayent l'action. Malgré une très lourde répression policière, le chantier est suspendu en 2017.

Malheureusement, la mobilisation ne résiste pas à l'arrivée de Donald Trump au pouvoir et encore moins aux intérêts financiers de l'homme politique dans la compagnie pétrolière qui était aux manettes, Energy Transfer Partners[45]. Le pipeline est finalement construit. Mais l'union populaire et son impact médiatique ont de toute façon marqué les esprits et l'Histoire. Je suis persuadée que le souvenir d'un tel évènement aura son rôle à jouer le temps venu à l'occasion d'une situation similaire, quel que soit le camp concerné. L'union des forces aura, de toute façon, été rendue possible.

En 2020, le juge fédéral du district de Columbia ordonne un réexamen environnemental du tracé du pipeline, suite à des suspicions à l'encontre du corps des ingénieurs de l'armée en charge des travaux. Selon le

---

[43] Cela me fait penser à la « Trêve de l'Eau » imaginée par Rudyard Kipling, dans *Le Livre de la Jungle* : cet instant de paix entre proies et prédateurs, lorsqu'ils se trouvent près du fleuve pour s'abreuver.

[44] https://mars-infos.org/le-peuple-originaire-des-sioux-du-1851

[45] https://www.liberation.fr/planete/2017/02/01/la-bataille-contre-le-pipeline-dakota-access-reprend_1545541/

magistrat, celui-ci aurait approuvé le projet sans répondre aux questions de fuites potentielles de pétrole et sans réelle capacité de détection des écoulements, s'ils venaient à se produire. Au 25 mars 2020, les parties ont donc un mois pour apporter les arguments nécessaires à la suspension – ou non – du flux[46]. Voilà que l'actualité semble donner raison à l'utilité d'une telle mobilisation : quatre ans plus tard, les efforts pourraient bien payer.

Un effet boule de neige

Si l'épisode de Standing Rock vous a échappé, c'est tout simplement parce qu'il a été noyé dans une multitude d'autres mouvements sociaux. Car bien qu'aucune révolution digne de celle de 1789 n'ait encore eu lieu depuis le début du xxie siècle, au sens victorieux et massif du terme, on assiste néanmoins à une myriade de « petites » révoltes populaires aux quatre coins du globe. C'est bien simple : alors qu'avant l'an 1000, on comptait un soulèvement tous les cinquante ou cent ans, au millénaire suivant, la liste s'est allongée. Les révoltes se sont multipliées et accélérées. Sur le continent européen, par exemple, entre 1800 et 1876, il n'y a pas quatre ans consécutifs sans un soulèvement populaire, une rébellion ou une révolution. Depuis le début des années 2000, pas une année n'échappe à la mobilisation sociale dans le monde. Parfois même, plusieurs peuples se soulèvent la même année, à différents endroits sur la planète. Outre 2011 et le Printemps arabe dont j'ai parlé précédemment, les années 2005-2006 sont, elles aussi, marquées au fer rouge par de nombreuses contestations : la révolution du Cèdre au Liban,

---

[46] https://www.lemonde.fr/planete/article/2020/03/27/etats-unisles-sioux-obtiennent-une-victoire-inattendue-face-a-l-oleoducdakota-access_6034588_3244.html – Fin 2021, le projet de pipeline est toujours en suspens, des études devant être poursuivies jusqu'à début 2022.

la révolution des Tulipes au Kirghizistan, la grève générale népalaise, la révolte d'Oaxaca au Mexique, la rébellion touarègue au Mali et la révolution en bleu en Biélorussie.

Leur accélération dans le temps, leur nombre croissant quasi exponentiel, l'innovation des moyens entrepris par les manifestants et activistes : tout cela me pousse à croire que quelque chose se prépare. Ce sera quitte ou double : un changement radical ou une crise sans précédent.

Les causes probables

Je n'explique pas totalement cette récente précipitation des phénomènes de rébellions. Les théories demeurent bien trop nombreuses pour tirer de conclusions définitives, et d'ailleurs aucun spécialiste ne peut réellement affirmer quoi que ce soit face au phénomène tant il est inédit et multifactoriel. Pourtant, quelques hypothèses me semblent suffisamment probables pour être mentionnées.

D'abord, les épisodes de l'actualité sont mieux relayés par les médias. Plus on parle d'évènements récents, plus les documents dont nous disposons sont nombreux, ce qui allonge ainsi la liste des évènements répertoriés, sans augmenter forcément leur nombre réel. Avec internet, il est certain qu'il est plus difficile de cacher une révolte populaire, malgré toute tentative d'obstruction par les gouvernements. L'exemple des Tibétains le démontre : quelques sites web d'informations locales réussissent à outrepasser la censure chinoise, aussi rude soit-elle. Avec les réseaux sociaux, le monde est comme mis sous une cloche de verre. Cette cloche hermétique, car virtuelle, nous rend bien souvent impuissants, mais sa transparence nous permet au moins de regarder au travers.

Une autre théorie me paraît cohérente : l'accumulation des petits maux anciens et des rancœurs populaires pourrait également avoir son rôle à jouer dans cette multiplication de mobilisations revendicatives. Le poids des inégalités, alourdi par le temps, semble à lui seul expliquer cette effervescence de mouvements contestataires. Au fil des générations, les injustices héritées et amplifiées deviennent de moins en moins supportables et débouchent cycliquement vers des insurrections. Dans ces conditions, à l'ère des réseaux sociaux et des smartphones, il suffit alors d'une étincelle pour qu'un pays donne l'exemple à son voisin et la vague peut se répandre comme une traînée de poudre.

Quelles que soient les explications les plus probantes, dans les faits, la liste des révoltes s'allonge un peu plus chaque jour. Malgré leurs tentatives, les gouvernements ont bien du mal à enrayer le mouvement. Car chaque manifestation, chaque action rendue visible et connue de l'opinion publique en entraîne d'autres dans un cercle vicieux/vertueux infini. La répression, les victimes collatérales, les menaces et l'utilisation des médias comme outils de manipulation des masses n'empêchent pas les soulèvements d'émerger ni de se propager. Seuls le début de la pandémie du Covid-19 et les mesures sanitaires qui ont suivi ont mis à l'arrêt les contestations sociales, devenues alors brûlantes partout dans le monde. Mais cette trêve forcée, combinée aux conséquences économiques et sociales du virus, n'a attisé que davantage la colère des peuples.

- Précipitation : un principe systémique

Les révoltes populaires n'ont pas le monopole du phénomène d'accélération. Dans bien d'autres domaines, cette intrigante situation s'observe depuis quelques décennies.

La survenue de catastrophes naturelles, par exemple, a littéralement explosé : entre 2002 et 2017, le nombre a quasiment doublé[47]. Même le journal Forbes, à défaut de traiter des pertes humaines, végétales ou animales qui augmentent tout autant, fait mention des conséquences économiques qui s'amplifient à la hauteur des dégâts. Si l'on additionne les inondations, les périodes de sécheresse, les ouragans et les tempêtes, on parle d'une hausse de 151 % du coût total en vingt ans[48]. La baisse du pouvoir d'achat, elle aussi, a connu une précipitation sans précédent. Selon l'OFCE (Observatoire Français des Conjonctures Économiques), entre 2008 et 2016, les ménages français auraient perdu 440 euros par an en moyenne[49]. Et si sur le papier, le pouvoir d'achat s'est maintenu depuis 2018 et a même légèrement augmenté en 2021, prenant en compte l'ensemble des revenus – y compris ceux de Bernard Arnaud –, les immenses hausses de prix à la rentrée de cette même année (essence, électricité, gaz...) annoncent une nouvelle chute à venir[50]. Quant aux maladies infectieuses, elles connaissent depuis une trentaine d'années, avec l'apparition du SIDA, une toute nouvelle ère. Celle-ci s'illustre par l'émergence de nouveaux agents pathogènes et par la réapparition de maladies infectieuses qui, depuis plus d'un siècle et grâce aux progrès de la médecine, étaient sous contrôle. Si le nombre de foyers de virus a augmenté ces dernières années, les épidémies se propagent également plus rapidement qu'auparavant. Tous ces constats s'expliquent de plusieurs façons, mais à chaque fois par des phénomènes eux-mêmes en forte et constante augmentation, qu'il s'agisse de la concentration animale et humaine, de la consommation de viande, de la déforestation,

---

[47] https://youmatter.world/fr/catastrophes-naturelles-multiplication/

[48] https://www.forbes.fr/environnement/pourquoi-le-nombre-de-catastrophes-naturelles-explose/

[49] https://www.challenges.fr/economie/les-menages-ont-subi-un-recul-historique-du-pouvoir-d-achat_633174

[50] https://www.midilibre.fr/2021/09/27/pouvoir-dachat-linquietante-flambee-des-prix-qui-risque-de-plomber-notre-economie-dans-les-mois-a-venir-9815277.php

des échanges commerciaux, de l'élevage industriel, de la résistance aux antibiotiques, de l'urbanisation ou des voyages internationaux.[51]

Là encore, si l'on fouille dans les origines de ces états de fait, on tombe très vite sur un facteur à la fois aggravant et représentatif de cette accélération exponentielle et pourtant trop souvent négligé : la surpopulation humaine. La courbe de croissance démographique mondiale est en perpétuelle augmentation. Entre 1950 et 2015, la population humaine de la Terre a grimpé de près de 300 %[52]. En toute logique, la planète devrait compter 2 milliards d'êtres humains de plus dans les 30 prochaines années. En 2050, nous serions 9,7 milliards à cohabiter[53] sur la même planète. Selon les critères propres à sa définition, nous, Humains, sommes en surpopulation mondiale. « *Un écosystème donné est surpeuplé lorsqu'il n'arrive pas à satisfaire les besoins de sa population. Le critère de surpopulation prend alors en considération les caractéristiques du milieu. Il y a surpopulation au-delà d'un seuil défini par la « capacité limite » du milieu, c'est-à-dire par la charge de population dont les besoins peuvent être satisfaits par la productivité primaire* », nous explique Grégoire Raboud, enseignant et secrétaire de l'association Public Eye[54]. Cette définition s'applique bien à notre époque, puisque le jour du dépassement – jour dramatique où l'humanité a consommé l'ensemble des ressources offertes par la Terre – recule tous les ans. L'année 2020 fait exception à la règle – grâce au coronavirus, comme quoi ! – avec une date calculée au 22 août[55]. Il faut

---

[51] https://bibnum.univ-lyon1.fr/nuxeo/nxfile/default/2827f74b-e7f9-4478-aab8-6ea9f2708eb9/file:content/THph_2015_CLEMENT_Lucile.pdf

[52] https://www.politologue.com/population-mondiale/

[53] https://www.lepoint.fr/monde/population-mondiale-9-7-milliards-de-personnes-en-2050--18-06-2019-2319494_24.php

[54] *L'homme inachevé, Les Cahiers de l'IUED*, Graduate Institute Publications, 2016, article de Grégoire Raboud intitulé « Surpopulation : quels critères ? ».

[55] https://www.lemonde.fr/planete/article/2020/08/22/un-renversement-historique-le-jour-du-depassement-de-la-terre-recule-sous-l-effet-du-coronavirus_6049619_3244.html

donc désormais 1,6 planète pour assouvir nos besoins[56]. Pour autant, si la Terre est effectivement exploitée jusqu'à la moelle, toutes les populations humaines ne subissent pas les effets de la surpopulation de la même manière. Les Hommes, en voulant éviter la régulation naturelle qui se produit lorsqu'il y a surpopulation d'une espèce, gèrent de façon inégale la limitation volontaire qui s'impose. Ainsi, les pays occidentaux demandent aux pays du sud de recourir à la contraception et à la stérilisation, tandis que la natalité est favorisée et encouragée sur leur propre territoire à travers le culte de la famille et de la grossesse au moyen des émissions de télévision, des feuilletons, des publicités et des messages politiques. Étonnamment, la production alimentaire du monde en termes de calories est supérieure aux besoins de la population mondiale[57]. Toutefois, on le sait bien, des centaines de millions de personnes restent sous-alimentées. Comble de la situation : ce sont globalement ces mêmes populations qui ravitaillent les Occidentaux par leurs productions agricoles. C'est donc la mauvaise répartition des richesses et des denrées alimentaires qui aggrave les effets de la surpopulation et non l'inverse. Car sans inégalité et avec une consommation plus raisonnable des ressources de la Terre, la population mondiale n'aurait aucun mal à être rassasiée.

Et donc, si la surpopulation n'est pas le réel problème, sur le plan social, la mauvaise gestion de cette situation par les puissants de ce monde en est un. Exemple tout bête : qui dit croissance démographique exponentielle, dit augmentation exponentielle des demandeurs d'emploi. Or ces dernières années, la France, comme ses voisins, use et abuse de la politique du « travailler plus pour gagner plus ». Tout indique, au

---

[56] https://www.lemonde.fr/planete/article/2020/06/05/le-jour-du-depassement-de-la-terre-recule-de-trois-semaines-sous-l-effet-du-covid-19_6041815_3244.html

[57] https://www.fao.org/4/y3557f/y3557f06.htm

contraire, qu'il faille travailler moins pour gagner plus[58]. À l'heure où les machines remplacent l'Homme sans cotiser le moindre centime à la sécu, on préfère donc imposer des heures supplémentaires à n'en plus finir à une partie de la population, licencier du personnel, abandonner les chômeurs et augmenter l'âge du départ à la retraite. La connerie des gouvernements successifs et leur déconnexion de la réalité semblent, elles aussi, être exponentielles.

Les luttes sociales en constante augmentation seraient-elles tout simplement la conséquence immédiate de cet ensemble de facteurs en progression continue ?

- Appréhender cette interconnexion et rompre le cycle infernal

Les constats cités plus hauts nous démontrent que la période historique que l'on traverse se distingue des précédentes, malgré leurs similitudes. Cette diversité des évènements concernés par le phénomène de précipitation nous montre aussi que les causes et les conséquences des uns et des autres sont plus étroitement liées qu'on ne le croit. Sans une gestion maîtrisée et réfléchie des sociétés par leurs dirigeants, une catastrophe entraîne rapidement la suivante comme un jeu de dominos. Un seul dérèglement dans le fragile équilibre naturel de la vie, une seule erreur humaine et les répercussions sont inévitables et infinies. L'ignorance de ce même résultat génère d'autres complications. L'amplification des origines de la misère sociale, écologique et économique est un processus actuel indéniable, tout comme les réactions de colère qu'elles provoquent. Les facteurs aggravants ne cessent de s'accumuler. Tout ceci indique, encore une fois, que tout est

---

[58] Sur ce sujet et bien d'autres, car ce livre est une référence, je vous conseille vivement *Utopia XXI* d'Aymeric Caron (Flammarion, 2017) où le sujet du travail est largement abordé.

interconnecté et qu'à force de grossir, la boule de neige des crises successives ne pourra que causer davantage de dégâts. À moins que, devenue si importante pour être ignorée, elle n'éveille l'union des forces populaires, seul frein à sa course folle ? C'est en tout cas la seule issue possible, autre que la mort de notre espèce ou la dictature mondiale.

Révoltes, révolutions ou volonté de changement ?

Depuis le début de cet ouvrage, j'ai cité et énuméré divers exemples de mouvements contestataires dans le monde et dans l'histoire. J'ai volontairement choisi des évènements symptomatiques d'une convergence temporelle, circonstancielle ou sociale, quand elle n'était pas les trois à la fois. J'ai parfois parlé de révolutions, tantôt de révoltes, de mouvements... La nuance entre ces appellations est fine et mène parfois à la confusion. En même temps, lorsqu'il est question de mouvements sociaux, le choix d'un qualificatif reste particulièrement subjectif. Tout dépend de l'histoire de la civilisation concernée, de son passif en termes de soulèvements, de son contexte politique... Un peuple qui s'insurge contre un dictateur ne peut qu'être qualifié de révolutionnaire. Il en faut du cran, de la force et du courage pour tenter de proposer un modèle de société alternatif, face à des chars d'assaut et des mitraillettes. Les pertes humaines sont d'ailleurs bien souvent inévitables. Ce risque pris par les révolutionnaires, en tout lieu et de tout temps, montre chaque fois à quel point les peuples sont à bout. Car pour oser se placer en première ligne, quitte à perdre un œil ou la vie, il ne faut plus rien avoir à perdre. Et pour ne rien avoir à perdre, il faut déjà avoir perdu beaucoup.

Pour pouvoir étudier de près la question de convergence, il est indispensable de s'arrêter à celle de la révolution, aux formes qu'elle peut prendre et à ses différentes définitions.

Il faut attendre 1789 pour croire en un véritable changement

Les révolutions n'ont pas toujours été synonymes de transformation sociétale, bien au contraire. À ce sujet, le sociologue Jack A. Goldstone observe deux périodes distinctes parmi les phénomènes sociaux qu'il étudie. Dans son article déjà cité[59], il explique qu'il existe une réelle transition à partir de 1789. Selon lui, pour de multiples raisons tant religieuses que culturelles ou politiques, les rébellions avant cette date n'étaient vouées qu'à un retour aux conditions du passé. Le « c'était mieux avant » ne faisait pas l'objet de sérénades nostalgiques, mais de slogans revendicatifs. De l'Antiquité au Monde classique et de l'Europe à l'Asie, il y avait, affirme l'auteur, cette croyance très forte selon laquelle la politique est un cycle perpétuel dont on ne peut se défaire. Une forme de fatalisme qui, par vagues successives, va ainsi rythmer les rébellions pour retomber chaque fois dans les mêmes sillons de l'Histoire. Pour ce qui est de l'Europe, l'idée daterait de la Grèce Antique et aurait perduré :

« Tels que décrits par Platon, les changements de gouvernements sont cycliques. La démocratie n'est pas un type nouveau, plus progressiste, de gouvernement ; elle fait partie d'un cycle. Trop de démocratie conduit à la tyrannie, trop de tyrannie à l'oligarchie et trop d'oligarchie à la démocratie. Les gouvernements n'étant pas vertueux, le cycle se répète continuellement »[60].

---

[59] *Revue française de sociologie*, 1989, p. 405-429, article « Révolutions dans l'histoire et histoire de la révolution », Jack A. Goldstone (https://www.persee.fr/doc/rfsoc_0035-2969_1989_num_30_3_2620).

[60] Idem

Il est étonnant d'observer à quel point dans chaque civilisation, quelles que soient ses spécificités, le résultat est le même. Les enchaînements de gouvernements s'établissent sur un modèle similaire, en cercle perpétuel. Dans les sociétés islamiques, par exemple, les nomades réussissant à vaincre des sédentaires se laissent rapidement corrompre par le confort et le luxe, donnant lieu à de nouvelles attaques de nomades. La boucle est bouclée. Là-dessus, on rajoute la croyance en un envoyé de Dieu qui viendra sauver l'humanité avec une ère de la vertu et voilà que les ingrédients sont en place pour voir poindre des révoltes populaires, régulières, sans réel changement. Il en est de même avec le christianisme, en Europe comme en Amérique. En Asie, malgré de belles avancées en termes de justice sociale, notamment durant la dynastie des Tsing, le conservatisme n'est jamais loin. L'idée selon laquelle, au lieu d'innover, il faut régénérer la politique par un retour aux valeurs du passé est bien ancrée dans les mœurs. Ainsi, malgré la tentative de la Révolution anglaise en 1640, c'est seulement à partir de la Révolution française qu'on peut réellement parler d'idées nouvelles. Le mot « révolution » prend alors une toute nouvelle teinte.

« Ce n'est que dans la France de 1789 qu'on rencontre pour la première fois les dimensions culturelles devenues spécifiques, pour l'époque moderne, de l'essence de la révolution — refus du passé, tentative consciente de créer un nouvel âge au nom de la raison humaine et non plus de la sanction divine »[61], commente Jack A. Goldstone.

Depuis, toutes les révoltes populaires du monde visent à déconstruire l'ancien monde pour en reconstruire un nouveau sur des bases plus laïques, plus démocratiques et plus justes. Certes, les échecs ont été nombreux. Aucune révolution n'a réellement apporté la liberté et l'égalité requises par ses acteurs. Pire : en France, à l'heure du pass

---

[61] *Revue française de sociologie*, 1989, p. 405-429, article « Révolutions dans l'histoire et histoire de la révolution », Jack A. Goldstone (https://www.persee.fr/doc/rfsoc_0035-2969_1989_num_30_3_2620).

sanitaire et vaccinal et des lois de plus en plus insidieusement autoritaires de notre gouvernement, l'égalité, la liberté et la fraternité de notre devise nationale se voient remplacer par les inégalités sociales, la répression policière et la division populaire. Mais pour autant, de nombreux petits pas ont été réalisés. Pour déconstruire des siècles d'humanité basés sur les mêmes modèles, la transition demande du temps. Elle requiert également des penseurs, des volontaires, des courageux. Car la nouveauté, par définition, doit être conçue et expérimentée. Aucun exemple ne peut nous donner de recette miracle. On ne peut que s'appuyer sur les avancées obtenues, aussi minimes soient-elles. D'autant que les obstacles viennent régulièrement barrer la route des révolutionnaires. Pour les héritiers des classes dominantes, issues de centaines d'années de corruption et d'accumulation de privilèges, il est impensable de changer de méthode. Les stratégies pour faire échouer les projets de réformes grouillent et fonctionnent. Malgré tout, l'esclavage a été aboli. Les Droits de l'Homme ont été promulgués. Dans de nombreux pays, la République et ses représentations démocratiques ont remplacé les monarchies. La religion et la politique ont été séparées. Les minorités font entendre leurs droits. Peu à peu, l'écologie est intégrée dans la plupart des programmes électoraux. Si tout n'est pas réellement appliqué, par manque de contrôles et de garanties, et si l'ensemble reste encore fragile et insuffisant, sur le papier, quelques fondements d'une société plus juste ont été posés.

Ère moderne : l'obstacle des faux-semblants

Pour autant, jamais les peuples n'ont été si avides de changement. Jamais les humains n'ont montré tant de colère envers leurs dirigeants. Jamais ils n'ont autant clamé l'égalité ni la liberté. Pourquoi ce paradoxe ? Tout simplement parce que la dictature, l'injustice et l'autoritarisme avancent dans l'ombre depuis des siècles. Lorsqu'il éclate au grand jour, le mensonge est encore moins pardonnable. Sous couvert de démocratie, on a laissé s'instaurer le musellement de l'opinion populaire. Sous couvert de République, on a laissé s'installer une politique élitiste et technocratique. Un noyau de quelques-uns qui domine le monde. Sous couvert de liberté d'expression, on a laissé croître la police de la pensée. Sous couvert de liberté de mouvement, les populations n'ont jamais été autant traquées, pistées, suivies et répertoriées. Derrière la façade de la citoyenneté, se cachent des élections tronquées, prévisibles, inégales. La représentativité du peuple à l'Assemblée nationale n'existe que par son nom. Car en réalité, la classe ouvrière (19,6 % des Français[62] tout de même) n'étant symbolisée que par deux députés « anciens ouvriers »[63], celle-ci ne peut pas réellement s'opposer à la majorité. Majorité dont les conditions électorales laissent songeur (18 %[64] des Français inscrits ont voté pour Emmanuel Macron au premier tour des présidentielles de 2017, ce qui ne l'a pas empêché de remporter l'élection). Tous ces mots répétés en boucle pour décrire nos sociétés modernes (citoyenneté, démocratie, droits, république, liberté, égalité, fraternité) s'opposent avec ceux qualifiant les époques des grandes révolutions (monarchie, guerre, labeur, esclavage). Cette contradiction vocabulaire/réalité crée, de fait, une certaine forme d'autocensure. Parler de fascisme ou d'autoritarisme pour définir les politiques occidentales est pour beaucoup inimaginable. Les critiques envers les gouvernements modernes sont plus difficiles à assumer : placer la politique d'un pays démocratique sur le même plan que la dictature chilienne, par exemple, n'est pas moralement admissible. Et

---

[62] INSEE 2019
https://www.insee.fr/fr/statistiques/4501557?sommaire=4504425#:~:text=En%202019%2C%20en%20France%20(hors,non%20qualifi%C3%A9s%20(figure%201).

[63] https://www.capital.fr/economie-politique/employes-ouvriers-qui-sont-les-rares-deputes-issus-des-classes-populaires-1326833

[64] https://www.slate.fr/story/160678/proces-illegitimite-macron

pourtant, c'est bien au Chili qu'en 2021, a été élu Gabriel Boric, militant pro-démocratie et justice sociale. Comparer la France de 2020 à celle des années 1930 est jugé excessif. C'est un outrage à la Nation. Mais ce n'est pas parce qu'il y a eu pire avant, ou qu'il y a pire ailleurs, qu'on ne peut remettre en question ce qui se passe ici et maintenant. Ce n'est pas parce qu'on vit « mieux » qu'à une certaine époque, ce n'est pas parce que d'autres populations sont moins bien loties que nous, que l'on ne peut pas viser plus haut. De la même façon qu'on a le droit de réclamer de meilleures conditions de travail sans pour autant être né en Chine, on peut revendiquer de meilleures conditions de vie sans avoir connu l'enfer syrien. Même lorsqu'il est insidieux, même lorsqu'il est français, l'autoritarisme reste l'autoritarisme.

Je pourrais faire le parallèle avec l'une de mes expériences professionnelles. En tant qu'auteure, ne pouvant vivre de mon art comme la plupart de mes confrères, j'ai bien été obligée de faire des boulots alimentaires avec les contraintes que ça représente. Les conditions de travail laborieuses, les amplitudes horaires inhumaines, les clients désagréables, la pression, les sanctions. Ainsi, j'ai revêtu le costume de réceptionniste d'hôtel, de distributrice de journaux, de téléopératrice, de manutentionnaire, de vendeuse, de caissière. J'ai pu rencontrer des patrons odieux, méprisants, stricts et même harceleurs, parfois. Puis j'ai été embauchée dans un petit magasin bio de campagne au directeur d'apparence baba cool et professeur de taï-chi. Le genre de patron qui vous tapote l'épaule amicalement, qui vous offre des cadeaux d'anniversaire et qui ouvre une bouteille de champagne à la moindre occasion. Un vrai changement par rapport à ce que je connaissais des chefs d'entreprise. Du côté des conditions de travail, elles n'ont finalement pas beaucoup évolué par rapport à celles que j'avais connues auparavant. Entre stratégies de divisions intersalariés, distribution de privilèges inégaux et magouilles à tout-va, j'ai rapidement retrouvé les vices de mes anciens chefs. Pourtant, un constat m'a sauté aux yeux. Soudain, face à un directeur sans cravate se montrant tantôt sympathique, tantôt paternel, il m'était quasiment impossible de lui faire part de mon mal-être.

Une dictature déguisée en démocratie est une fourberie qu'il est difficile de déceler et même de combattre. En ce sens, la politique d'une entreprise ressemble beaucoup à celle menée dans un pays. Et en 2022, l'inverse est également vrai. *« Je veux que la France soit une start-up nation »*, avait pourtant prévenu Macron[65].

Alors, il n'est pas question de se lamenter pour le plaisir – on entend souvent que les Français aiment se plaindre : existe-t-il réellement des gens qui aiment se plaindre sans raison ? –, mais bien de critiquer un modèle qui ne fonctionne pas, tout en laissant la place à l'émergence de nouvelles propositions aussi radicales que nécessaires. La perfidie propre à notre monde moderne demeure sans doute le plus grand obstacle à la victoire des mouvements populaires actuels. Toutefois, cette même escroquerie d'une prétendue démocratie pacifiste pourrait bien également être, paradoxalement, le moteur des succès à venir. Car l'ère de l'autoritarisme masqué arrive à son terme. Le camouflage d'une république équitable se fissure. Ces pseudo-progressistes, qui au lieu de faire progresser leur pays le plongent dans le conservatisme le plus primaire, ne peuvent rester éternellement dissimulés. Sous un air de jeunot, Macron est le président le plus vieux qu'on n'ait jamais eu. Les paroles s'envolent, les actes restent et rompent peu à peu les promesses d'une vie meilleure. Il ne manque pas grand-chose pour que le peuple s'unisse enfin massivement face à cette mascarade. Il suffirait d'un seul déclic. Mais lequel ?

Jack A. Goldstone affirme que les phénomènes ayant des conséquences mondiales permettent l'apparition de vagues de révolutions. La crise du coronavirus n'est-elle pas l'exemple parfait d'un évènement global ? Une catastrophe sanitaire mondiale est en effet une occasion unique de faire

---

[65] Discours du 15 juin 2017, à la conférence Vivatech à Paris.

entendre une voix commune contre un modèle politique qui ne cesse d'échouer encore et encore. C'est un moment idéal pour construire un monde nouveau avec comme déclic la folle propagation du virus et ses conséquences économiques et sociales.

Amusantes définitions

Alors que je croyais parfaitement saisir le sens d'un terme aussi commun que *« révolution »*, voilà que je m'amuse à le taper dans mon moteur de recherche suivi de *définition*. De la même façon que pour *convergence*, j'étais quand même curieuse de savoir comment les dictionnaires présentaient le mot que je ne cesse de prôner. Les résultats affichés m'auraient presque fait sursauter. L'étymologie, d'abord, donne une pointe d'ironie aux pancartes des manifestations actuelles :

« Révolution : nom féminin (latin revolutio, de revolvere, ramener en arrière)[66] *»*.

Mince ! Le mot est construit sur l'exact opposé au message proposé. La lueur d'espoir d'un monde nouveau s'assombrit subitement sur un repli vers le passé. Je continue alors ma lecture du Larousse.

Après une première définition de l'ordre de l'astronomie – *« Mouvement orbital périodique d'un corps céleste, en particulier d'une planète »*[67] –, la seconde m'assoit davantage :

« Mouvement d'un objet autour d'un point central, d'un axe, le ramenant périodiquement au même point »[68].

---

[66] https://www.larousse.fr/dictionnaires/francais/r%C3%A9volution/%2069167
[67] Ibid
[68] Ibid

Je connaissais évidemment l'expression utilisée notamment pour évoquer la rotation de la Terre autour du Soleil, mais jusqu'à présent, je n'avais jamais fait le rapprochement entre ce terme scientifique et son emploi dans le langage courant. Ce premier sens en tête, je saisis alors davantage les propos du sociologue américain au sujet des changements cycliques observés en politique avant 1789. Les révoltes populaires n'étaient alors vouées qu'à revenir à de meilleures conditions de vie, dignes de celles d'un passé regretté. L'idée étant de boucler la boucle dans un cercle perpétuel. En cela, le principe n'est pas forcément mauvais en soi. En réalité, cette boucle est basée sur le même schéma que celui présent dans la nature, et ce, à tous les niveaux. En cas de chaleur, l'eau s'évapore, puis quand il fait froid et que la pression atmosphérique faiblit, elle redescend sous forme de pluie. Et ainsi de suite. Les animaux naissent, grandissent, vieillissent, meurent et nourrissent ainsi d'autres espèces. Les graines germent, les fleurs poussent, fanent, font des graines qui retombent au sol. Tout n'est que cycle continu, constitué d'éphémérités perpétuelles.

Si tout semble bien fonctionner dans la nature, la société humaine n'est pas si conciliante ni stable. Elle évolue tout comme ses règles, son organisation et ses concepts. Mais surtout, l'Homme défie la nature, modifie son environnement, détruit son prochain lorsqu'il ne se tire pas une balle dans son propre pied. Ainsi, ce qui a marché autrefois n'est pas un gage de succès pour l'avenir. Et vice-versa. Les observations listées précédemment, qu'il s'agisse des changements fondamentaux en politique, de nos comportements vis-à-vis de l'environnement, des mutations démographiques ou encore des moyens de communication, montrent que l'heure n'est plus au circuit fermé. Il n'est plus question de renouveler les expériences déjà vécues. C'est le moment de trouver de nouvelles solutions, de les parfaire et de les appliquer. Comme les animaux s'ajustant aux changements de leur environnement pour optimiser leurs chances de survie, l'Homme doit adapter ses comportements en fonction du contexte politique. En psychologie, après un traumatisme ou une maltraitance, on apprend à rompre un cycle familial de façon que le schéma nocif ne se reproduise plus avec les générations suivantes. On apprend aussi la résilience. Il doit en être de même dans la société. Les luttes singulières, si elles ont permis quelques progrès, n'ont pas changé la cause réelle de ces mêmes maux qui n'ont cessé de ressurgir sous de nouveaux aspects ou dans d'autres territoires. Le malaise ambiant se propage à la manière du coronavirus, de plus en plus vite et de plus en plus loin. Et comme les gouvernements gèrent mal les crises telles que l'épisode pandémique, ils contrôlent difficilement cette crise sociale profonde qui croît à chaque instant. Qu'attendons-nous pour utiliser cette contagion sociétale, cette transformation planétaire, à des fins plus agréables ? Le progrès ne se situe-t-il pas ailleurs que dans cette course au productivisme, à la croissance infinie et à l'accumulation d'argent virtuel, au détriment de 99 % de la population planétaire ?

Autre définition du mot « *révolution* » plus proche, cette fois, de celle que j'avais en tête initialement :

« *Changement brusque et violent dans la structure politique et sociale d'un État, qui se produit quand un groupe se révolte contre les autorités en place et prend le pouvoir* »[69].

Enrichi de ses autres sens et teinté par le contexte actuel, le mot prend une nouvelle couleur et se porte vers la construction d'un monde réinventé, novateur et utopique. Mais afin d'assurer toutes les chances à ce projet de révolution convergente d'exister et surtout de fonctionner sur la durée, sans retour en arrière possible, il serait judicieux de créer une autre définition sémantique. Nous pourrions imaginer un concept situé à mi-chemin entre l'angle astronomique de la révolution et le sens militant de ce terme. Voici ma proposition :

---

[69] Ibid

Révolution : Mouvement populaire, planétaire et solidaire visant à changer fondamentalement la structure politique, environnementale et sociale d'un État, autour d'un axe central défini par des causes, une temporalité, des revendications, des moyens et des facteurs communs l'amenant non pas au même point, mais vers un lendemain.

◆

Dans cette première partie, nous avons voyagé dans le passé pour mieux comprendre le présent et imaginer le futur. Nous avons observé une tendance à la précipitation des phénomènes sociaux, mais également des évènements environnementaux, économiques et sociétaux en France comme ailleurs. Nous avons décortiqué les sens de la révolution, tout comme ses tenants et ses aboutissants. Tout laisse à penser que nous embarquons dans une nouvelle ère propice à l'insurrection populaire et à l'union des peuples, seul rempart aux tentatives de division par les gouvernements. Le dénominateur commun aux crises qui ont rythmé l'histoire de l'humanité n'est autre que la politique d'inégalités sociales menée par les dirigeants dans un but de profit au détriment des populations. Quant à la convergence des luttes et des idées, qu'elle soit temporelle ou revendicative, elle s'avère plus que jamais facilitée. Elle est à la fois encouragée par l'émergence des nouvelles technologies, mais aussi par l'urgence à combattre un autoritarisme toujours plus fourbe et universel. Pour autant, il s'agit de rompre le cycle que nos sociétés ne cessent de reproduire malgré les épisodes réguliers de révoltes populaires. Ainsi, nous profiterons enfin d'un monde serein, équitable et confortable de façon durable, sans craindre le retour à l'austérité.

QUAND LES PARALLÈLES FINISSENT PAR SE TOUCHER

La théorie de l'échec

En préparant ce livre, je tombe sur une émission de radio au sujet de la convergence des luttes : c'est *Du grain à moudre*, diffusée en mai 2016 sur France Inter[70]. Le titre, révélateur d'un parti pris de la rédaction, m'interloque.

« La convergence des luttes est-elle compatible avec la divergence des buts ? »

Les buts sont pourtant les mêmes dans toutes les causes, à savoir : vivre libre, pouvoir revendiquer son opinion, bénéficier des mêmes

---

[70] https://www.radiofrance.fr/franceculture/podcasts/du-grain-a-moudre/la-convergence-des-luttes-est-elle-compatible-avec-la-divergence-des-buts-4350640

droits que les autres et les faire valoir. L'origine du mal-être de chacun dans toute lutte singulière est, là encore, identique pour tous. Lorsqu'en France, 7 milliardaires possèdent plus que les 30 % les plus pauvres[71], on distingue clairement l'évidence du lien avec le malaise social ressenti et vécu. Et si l'on sort du domaine du social en prenant le sujet de l'écologie, par exemple, le but reste proche : il s'agit de lutter pour le respect du Vivant et de meilleures conditions de vie pour tous. En ce qui concerne les causes, on peut à nouveau observer la relation entre profits à outrance de quelques-uns et destruction de l'ensemble de la planète. Parler de divergence des buts me paraît donc absurde.

L'expression *convergence des luttes* est toute nouvelle au moment de l'enregistrement de cette émission de radio. L'idée circule alors dans le mouvement « Nuit Debout » en plein cœur de la mobilisation contre la loi travail El Khomri. Ces militants d'un genre inédit, qui se réunissent de nuit sur la Place de la République à Paris, notamment, débattent et tentent de construire un combat commun avec les syndicats. La mission est réussie en partie, grâce à la jonction ponctuelle avec la CGT. On assiste aussi à des discussions animées sur des sujets multiples allant du féminisme à l'écologie en passant par l'aide aux migrants. La convergence n'est qu'à l'état de graine, mais elle a le mérite de germer dans nombre d'esprits. Malheureusement, pour la lutte initiale, malgré les nombreuses manifestations qui ont lieu à cette période, la loi travail est finalement imposée au peuple avec le 49.3. Toujours est-il que lorsque j'écoute cette émission enregistrée avant la conclusion de cet épisode social, en plein dans l'utopie d'une lutte rassemblée et diversifiée, une intervention suscite mon intérêt, tant elle m'apparaît surréaliste.

Cet invité est présenté comme un fervent opposant à la convergence. Surprenant : qui peut donc réprouver un concept qui m'évoque l'idéal absolu ? En l'occurrence, c'est Miguel Benasayag, psychanalyste franco-

---

[71] OXFAM, 2020 (https://www.oxfamfrance.org/rapports/celles-qui-comptent/).

argentin, philosophe, chercheur en épistémologie et ancien combattant de la guérilla guévariste. Son opinion, la voici :

« Je crois que l'idée que les luttes doivent converger est ce qui fait échouer, toujours, les luttes. Je prends comme exemple les luttes du dernier siècle : toutes les luttes qui ont été radicales et singulières (les femmes, les homosexuels, les Noirs, les droits civiques, etc.) ont changé la face du monde. Toutes les luttes qui ont été convergentes, centralisées par des maîtres-libérateurs, elles n'ont pas seulement toutes échoué, mais elles ont produit le contraire de ce qu'on souhaitait ».

En théorie, le discours se tient et je le comprends : il répond simplement au principe de causalité. Aucune union des forces n'a réussi, toutes les luttes individuelles ont mené à la victoire : entre les deux, le choix est vite fait. Or, la démonstration n'est pas applicable dans la pratique, et ce, pour diverses raisons qu'il est intéressant de développer.

Comparaisons et particularités

D'abord, tout ce qui a valu dans le passé n'est pas un gage de vérité immuable pour le présent ou le futur. Tout dépend du contexte historique et de qui est aux manettes du mouvement. Selon si celui-ci a été lancé – ou récupéré – par un parti politique, un syndicat ou une association, la révolte sociale changera évidemment de forme, d'organisation et de saveur. Alors c'est vrai, on peut reconnaître des ressemblances flagrantes entre les différents épisodes de révoltes populaires qui ont rythmé l'Histoire. On a d'ailleurs pu le constater dans le chapitre précédent : on y retrouve souvent les mêmes acteurs, les mêmes évènements déclencheurs, les mêmes méthodes et les mêmes réactions en chaîne. Pour autant, on peut noter une certaine singularité aux soulèvements qui agitent le pays ainsi que la planète depuis quelques années. Particulièrement depuis le mandat Macron – j'ai eu l'occasion de développer ce propos à de nombreuses reprises[72]. L'insurrection populaire, dont nous sommes les témoins et/ou les participants depuis 2018, ne ressemble pas à celles de nos ancêtres. Je ne dis pas que c'est mieux maintenant ou que c'était mieux avant. Je ne compare pas ce qui n'est pas comparable. Si les luttes sociales actuelles diffèrent des précédentes, c'est par leur contexte inédit : l'urgence économique et écologique qui les entoure, mais aussi la précipitation des évènements dans chaque domaine. Ce paysage chronophage, dans lequel évoluent les mouvements sociaux, joue forcément sur leur mode de fonctionnement. Il pousse à la fois à l'impatience, à l'action et à l'union des militants et du peuple en général. Car les conséquences gravissimes d'une crise économique ou écologique, déjà en cours, peuvent changer le quotidien des Hommes d'un instant à l'autre. En 1789 ou en 1968, l'urgence n'était pas du même ordre. La question de vie ou de mort était également présente, mais pas sur un pan si large de la population. Alors, à défaut de comparer les évènements, nous devons nous adapter à ceux que nous traversons. Nous devons innover, car nous n'avons pas le choix de faire autrement, sans pour autant ignorer ce qui a été fait dans des conditions plus ou moins similaires. Tout ce que nous engageons aujourd'hui est à la fois sans précédent et sans deuxième essai. L'épée de Damoclès qui plane au-dessus de chacune des têtes nous pousse à nous soulever en même temps. Car ce temps, nous ne l'avons pas, justement. Les classes moyennes s'effondrent sur les classes populaires qui par le poids de la vie sont condamnées à faire la queue au Resto du cœur. Les espèces animales disparaissent, les forêts s'amenuisent, l'air n'a jamais été aussi irrespirable, les produits chimiques envahissent notre quotidien, les cancers pullulent sans limites d'âge. Et la liste des catastrophes s'allonge de jour en jour. Alors face au décompte avant le point de non-retour, quand celui-ci n'a pas déjà été atteint, le

---

[72] Pour exemple, le texte « *Planète, ultime lutte sociale ou première réconciliation mondiale* » paru dans *Le Monde Libertaire*, juillet-août 2019
(https://www.azelmasigaux.com/ecologie-et-luttes-sociales-chronique-pour-le-monde-libertaire-juilletaout-2019).

changement n'attend pas. Ainsi, si ce n'est pas par solidarité, chaque citoyen directement impliqué doit se soulever et faire entendre ses revendications. Quand il s'agit de la planète, tous les humains sont, de fait, impliqués. Dans ces conditions, il est fini le temps des combats uniques et des luttes communautaires. Et ont-elles seulement existé ?

Le succès relatif des luttes singulières

La lutte pour les droits des homosexuels est-elle uniquement soutenue par des gays et des lesbiennes ? Heureusement que non. Celle pour les droits des femmes n'est-elle pas également prônée par des hommes ? De plus en plus. Idem pour les combats contre la discrimination envers les personnes handicapées ou contre la maltraitance animale. On n'aura jamais vu un cochon avec un mégaphone, militant pour la fin des abattoirs.

D'ailleurs, lorsque Miguel Benasayag affirme que « *toutes les luttes qui ont été radicales ou singulières [...] ont changé la face du monde* », l'angle pris pour évoquer ces « exploits » ne me semble pas le bon. Je veux dire par là que les luttes dont ce monsieur parle auraient sans doute abouti plus vite si d'autres organisations s'étaient alliées aux initiateurs des révoltes concernées. Question de logique : plus on est nombreux, plus le rapport de force change. Si ces révoltes avaient été davantage soutenues, l'Histoire n'aurait certainement pas été la même. On aurait sans doute évité quelques dommages humains collatéraux. Quant à affirmer que l'ensemble de ces combats singuliers ont atteint leur objectif, je lui laisse la responsabilité de ces propos. Peut-on dire que l'esclavage est aujourd'hui totalement aboli ? Ou que le racisme n'existe plus ? L'homophobie ? Quelques pas ont été réalisés, mais les problèmes, quand ils ne subsistent pas, se déplacent ou rejaillissent sous d'autres formes.

Les luttes autour de la cause animale, par exemple, sont loin d'être victorieuses. Je ne dis pas qu'elles sont vaines, bien sûr. Je n'ose imaginer la condition animale si des associations et personnalités publiques n'étaient jamais montées au créneau pour alerter l'opinion sur ce sujet. Les prises de conscience s'établissent et quelques lois ont été inscrites. Lentement mais sûrement, les esprits s'ouvrent. Disons, pour faire simple, qu'être un animal est « moins difficile » qu'avant. Le travail des ONG a permis de mettre en lumière certaines zones d'ombre, de même que la Révolution Écologique pour le Vivant, micro-parti lancé par Aymeric Caron que j'ai rejoint dès 2018. Via les réseaux sociaux, ces organisations ont pu soulever de force les paupières de ceux qui ne voulaient pas voir. Pour autant, malgré les quelques améliorations, les animaux ne sont pas beaucoup mieux traités qu'au Moyen Âge.

La France, particulièrement mauvaise élève en Europe et dans le monde, continue de gaver des oies, de coller des oiseaux aux branches, de torturer des cobayes, d'ébouillanter des homards vivants, d'arracher à vif les poils des lapins, d'abattre plus d'un milliard d'animaux par an et d'étouffer des cochons au dioxyde de carbone pour faire du saucisson. Les obstacles aux progrès dans ce domaine, comme dans celui des droits humains, sont nombreux. Ils vont du pouvoir des lobbies aux traditions en passant par le manque de démocratie et d'informations. Mais le lien, la clé de l'énigme, c'est tout simplement le système dans lequel on vit. La politique du gouvernement. Celle des dirigeants aux quatre coins du globe.

Tant que l'argent dominera le monde, tant que « progrès » rimera avec « profit » et « productivisme », alors les animaux continueront de souffrir. Comme les Hommes continueront d'être exploités. Et il en est de même pour toutes les minorités et victimes de ce système productiviste.

Une solution de non-facilité

Plus le temps avance et plus je crois à la convergence, inscrite dans une vision holistique des causes, comme une alternative aux organisations compartimentées. Parce que le chronomètre est lancé et que nous n'avons plus le droit à l'erreur ni aux éternels recommencements, il est question de prendre le problème à la base. Unir les forces et cibler la cause réelle du mal-être général. S'appuyer sur les points communs et des moyens tels que la démocratie participative, tolérer les divergences et ne pas hésiter à débattre pour trouver des solutions à plusieurs.

Car si je crois à cette union des causes, je ne dis pas qu'il s'agit du moyen le plus simple d'arriver à nos fins. Je crois que c'est le seul. Par contre, pour réussir, chacun doit y mettre du sien. Tout ne se fera pas en claquant des doigts. On le voit déjà chez ceux qui travaillent au quotidien dans cette voie. Les égos se mettent difficilement de côté. Les rancœurs ressortent. Les gens se trompent de cibles. Beaucoup de temps se perd à régler des conflits internes. Mais ce même temps permet aussi d'apprendre. De comprendre les erreurs à ne pas commettre. D'apprendre à discuter et à argumenter. Le chemin est tortueux, mais il mènera à l'objectif commun, c'est évident. Trop tard ou pas, l'avenir nous le dira. Au moins, nous aurons essayé. D'une certaine manière, la convergence est une forme de désobéissance civile. Pour mieux régner, le gouvernement cherche par tous les moyens à diviser son peuple, à creuser les écarts, à créer des cases. Toujours plus de cases et de catégories. À segmenter les populations par leur origine, leurs opinions, leurs quartiers, leurs régions, leurs revenus, leur sexe. Converger, c'est désobéir. Désobéir, c'est résister pour mieux grandir.

Diviser pour mieux régner

La division comme moyen de gouverner, c'est connu et ça ne date pas d'hier. Mais sous le président Emmanuel Macron, on atteint des sommets. Jamais on n'avait entendu autant de discours méprisants. Jamais on n'avait observé autant d'amalgames, autant de réformes menant à la désunion, à la haine de l'autre et à la désolidarisation : voilà encore une particularité dans le contexte des mouvements sociaux actuels par rapport à ceux gardés en mémoire.

Outre l'aspect écologique ou économique, le chef d'État a également son rôle à jouer dans la nature d'une révolte. Macron en France, tout comme Bolsonaro au Brésil, Trump aux États-Unis ou même Johnson au Royaume-Uni – pour ne citer que les plus célèbres –, participent au caractère inédit des soulèvements populaires contemporains. Évidemment. Dans sa démonstration, Miguel Benasayag associe les « *luttes qui ont été convergentes* » à des « *maîtres-libérateurs* ». Or, il n'est justement pas question de maîtres pour cette idée d'union des luttes et des idées. Les Gilets jaunes, mouvement ouvertement pro-convergent, prônent justement l'horizontalité[73]. Ils sont persuadés qu'un « maître » ou une personne qui se placerait au-dessus des autres ne peut mener à la libération d'un peuple. Et je défie l'homme que je cite à me prouver en quoi les luttes convergentes ont « échoué ».

De nombreux évènements historiques prouvent le contraire et j'y reviendrai.

---

[73] Je parle volontairement des Gilets jaunes au présent, car des manifestations aux couleurs du mouvement ont toujours lieu. De plus, les Gilets jaunes font encore partie intégrante des soulèvements actuels.

Cultiver la diversité dans l'unité

Pour finir, lorsque Miguel Benasayag parle de « luttes singulières », je lui réponds qu'il n'est pas question de perdre la singularité des luttes. Convergence n'est pas synonyme de perte d'identité. C'est bien la diversité des membres et le respect de ces identités propres qui enrichissent un groupe. C'est la variété des points de vue qui alimente le débat. Plus on rassemble de cerveaux, plus on trouve de bonnes idées. Même si l'union requiert des compromis et des décisions communes, et malgré les désaccords internes qu'elle révèle forcément, elle s'appuie aussi sur les expériences et les savoir-faire de chacun. De même, pour qu'un village communautaire fonctionne, il doit puiser dans les compétences de chacun de ses habitants. L'un fabriquera du pain, l'autre des toits, un autre, des carottes. L'unification des idées, oui, mais dans le maintien des nuances. Un arc-en-ciel n'est beau que parce que ses couleurs se distinguent entre elles.

L'invité de cette émission de radio n'est pas le seul à s'exprimer contre l'idée de convergence. Malgré ses discours prônant l'union nationale[74], le président Macron pense certainement la même chose à ce sujet. Rien ne lui ferait plus peur qu'un peuple solide, uni et déterminé à rassembler ses forces pour construire un nouveau monde. Car pour cela, il faudra déconstruire celui qui le précède, celui dont il fait partie. Pour autant, j'ai choisi de prendre les propos de Michel Benasayag en référence parce qu'en quelques phrases, il résume parfaitement ce que mes opposants idéologiques affirment. J'aurais d'ailleurs préféré un débat en face-à-face plutôt qu'une réponse par écrit. Le Dalaï-Lama l'affirme régulièrement : l'ennemi est le meilleur professeur. Voilà pourquoi, je n'hésite jamais à discuter avec ceux avec qui je suis en désaccord. Même si moralement,

---

[74] Allocution télévisée du 13 avril 2020.

c'est parfois épuisant, rien n'est plus enrichissant que ce genre d'échange contradictoire.

La théorie de l'horizon fictif

Au cours de mes recherches et discussions, un ami militant me conseille de lire *Sortir de notre impuissance politique* de Geoffroy de Lagasnerie[75], car il traiterait de la question qui m'intéresse. Le petit livre que j'achète alors ressemble à peu de chose près à une conférence écrite autour des stratégies de luttes des mouvements progressistes afin de comprendre leurs échecs. Chaque paragraphe entraîne le suivant, formant un fil de réflexion très agréable à lire. Le sujet de la convergence des luttes arrive, comme promis, accompagné de l'opinion bien tranchée de l'auteur :

« L'injonction de la convergence des luttes est présentée comme une condition nécessaire au devenir puissant des combats : être réellement efficace demanderait que nous visions ensemble notre ennemi commun plutôt que de cibler des pouvoirs locaux, sectoriels et secondaires. Mais ce réflexe fonctionne à bien des égards comme une source d'automutilation du mouvement social », affirme-t-il.

Selon Geoffroy de Lagasnerie, viser des concepts abstraits tels que le colonialisme, le néolibéralisme ou le capitalisme pour atteindre un progrès social serait contre-productif, car cela mènerait *« tout mouvement à se penser négativement par rapport à un horizon fictif »*. Pour exemple, selon lui, il serait impossible de lutter efficacement contre la violence policière dans les quartiers populaires en s'attaquant au système au sens large, que ce soit sur sa politique néolibéraliste ou sur son esprit colonialiste. Pour l'auteur, *« les systèmes de pouvoir sont*

---
[75] Publié chez Fayard en 2020.

éclatés et ont toujours été éclatés », formant une société hétérogène et incohérente. Voir la lutte comme constituant un tout cohérent serait donc une erreur.

Même si son propos ne me convainc pas, car je pense qu'il se trompe sur la notion de convergence des luttes, l'exposé de Geoffroy de Lagasnerie remet toutefois en question certaines de mes idées.

D'abord, si en effet, la société se compose de pouvoirs divers qui n'ont pas forcément de liens entre eux, il est clair qu'en haut lieu, c'est bien une seule et même politique qui est menée actuellement. Celle de la Finance et de la Compétition. Celle de la mort des services publics et de l'extinction de la démocratie pour imposer ce système toujours plus pyramidal et autoritaire. Pour reprendre l'exemple des violences policières, je ne crois pas qu'en interpellant des maires, aussi humanistes soient-ils, ceux-ci pourraient changer les méthodes de travail de leurs policiers. Tant que des énarques dirigeront le ministère de l'Intérieur comme chacune des grandes institutions de ce pays et tant que les priorités iront vers les intérêts des puissants avant ceux du peuple, rien ne pourra évoluer côté répression policière. Tant que l'IGPN ne sera pas neutre, les violences perpétrées par les forces de l'ordre ne seront jamais condamnées à leur juste valeur. Ce sont donc bien les lois, et donc les dirigeants, qui fixent des limites. C'est seulement une fois que le peuple retrouvera sa souveraineté que les pouvoirs locaux pourront reprendre leur contrôle sur ce genre de questions. Même si certains élus proches du peuple peuvent être à l'origine de bonnes décisions, menant à des avancées conséquentes sur la vie locale, les ordres venant de l'Élysée peuvent tout saccager en un instant. Les enjeux sont la plupart du temps bien plus larges et mettent en péril les initiatives communales ou régionales. Pour exprimer cela, je prends souvent comme exemple le glyphosate, ce pesticide si controversé. Tout le monde – sauf son fabricant et ses commerciaux évidemment – souhaite s'en passer, y compris les agriculteurs qui l'utilisent et minimisent sa dangerosité. Simplement, tant que le produit ne sera pas retiré des ventes par une loi et tant que l'État ou l'Europe, pour le cas de la France, n'aidera pas financièrement les cultivateurs à réaliser une transition agricole, ils continueront à les utiliser. Et en attendant, les décrets des maires qui empêchent leurs paysans à utiliser des pesticides, aussi courageux soient-ils, ne font qu'éveiller des conflits internes, plongeant les cultivateurs dans l'impasse.

Pour autant, là où la réflexion de Geoffroy de Lagasnerie m'interpelle, c'est lorsqu'il parle du néolibéralisme comme d'un « ennemi commun » souvent cité dans le cadre d'actions de convergence des luttes. Moi-même, j'aurais tendance à cibler cette politique lorsque ce n'est pas le capitalisme. Cibler le courant libéral comme étant la cause de tous les maux modernes est ce qui semble le plus évident. Mais la remarque du sociologue me fait douter. Car après tout, une tout autre doctrine politique pourrait tout aussi bien mener aux mêmes injustices, voire en créer de nouvelles. Et d'ailleurs, à d'autres époques où le capitalisme n'existait pas encore, les populations se soulevaient déjà. Certes, aujourd'hui, nous comprenons que la privatisation du secteur public, la dérégulation au profit du libre-échange, la mondialisation, la carte blanche offerte à la spéculation financière au détriment de l'économie réelle, l'apologie aveugle de la croissance et la libération de la circulation des capitaux – ces politiques étant directement liées à la doctrine néolibérale – sont vouées à l'échec, à la fois écologiquement, socialement et économiquement parlant[76]. Mais bien que celles-ci se soient certainement accrues à cause de ce courant politique et économique mené quasi mondialement, les injustices ont toujours subsisté. L'esclavage n'a pas eu besoin d'Emmanuel Macron pour apparaître. La destruction de la biodiversité n'a pas attendu Monsanto pour s'initier. Les inégalités de richesse existaient déjà au Moyen Âge. Et même à notre époque, les opposants idéologiques au néolibéralisme n'ont pas mieux

---

[76] Même le FMI le dit ! (https://www.ouest-france.fr/reflexion/point-de-vue/limites-et-paradoxes-du-neoliberalisme-4306230)

agi sous le mandat de François Hollande, membre du parti socialiste, censé prôner l'intérêt général et l'égalité sociale : la Loi Travail, abrogeant les quelques progrès sociaux durement gagnés notamment sur le temps de travail et les congés, s'est vue imposée à la population par recours au 49.3 contre l'avis général. Tout comme les gouvernements soviétiques et chinois ont utilisé le terme « communisme » alors qu'ils menaient une politique dictatoriale totalement contraire à l'idéologie première, tout comme les *Democrats* aux États-Unis appliquent en réalité une politique antidémocratique, tout comme des progressistes tels qu'Emmanuel Macron œuvrent non pas pour le progrès, mais pour un conservatisme qui ne dit pas son nom. Les mandats du mensonge se suivent et se ressemblent, quelle que soit leur étiquette politique, géographique ou partisane.

Selon Frédéric Lordon, philosophe et économiste, la particularité du capitalisme est qu'il *« se sert des autres rapports de domination pour péjorer le sien propre. Par conséquent, c'est aussi dans et par l'intensification de son oppression salariale qu'une femme éprouve plus intensément l'oppression sexiste et un racisé, l'oppression raciste »*[77].

Mais alors, si le néolibéralisme est un accélérateur et un amplificateur plutôt qu'un initiateur des maux de la planète, on peut s'interroger sur la cause originelle. Quel est donc ce socle commun qui mène aux inégalités du monde ? Quel est ce lien entre pauvreté, extinction du Vivant, misère sociale et discrimination ? Y a-t-il seulement et véritablement une seule cause commune ? Faut-il, comme le suggère Frédéric Lordon, considérer les luttes antiracistes et féministes comme disposant d'une *« autonomie relative »* en reconnaissant que *« les oppressions qui se trouvent mises en jeu dans ces luttes valent pour elles-mêmes, sans pouvoir être intégralement réduites, comme produits dérivés, à une oppression matricielle qui serait celle du capitalisme »* ?

---

[77] Frédéric Lordon, « Pour favoriser une entente des luttes », *Le Monde Diplomatique*, mars 2021.

Pour illustrer l'inefficacité de la convergence des luttes, Geoffroy de Lagasnerie prend l'exemple d'une lutte spécifique : le mouvement LGBT. « *L'exemple des conquêtes du mouvement LGBT au cours des 40 dernières années confirme que progresser sur un plan ne veut pas dire changer d'autres dimensions. Et tactiquement, cet exemple montre que c'est précisément parce que ce mouvement était singulier, local, inventif qu'il a pu gagner.* »[78]

Ici, l'auteur utilise le même procédé rhétorique que Miguel Benasayag : un subtil mélange entre l'illusion de la corrélation et le biais de confirmation. Car si la lutte LGBT a fonctionné, on ne peut pas en déduire que ce soit le cas pour toutes les causes singulières ni qu'elle ait réussi pour cette raison-là. Et quand bien même, il est important de se demander sur quels critères se baser pour juger de la victoire d'une lutte. L'autorisation du mariage homosexuel, par exemple, a-t-il réellement et définitivement permis de régler la cause LGBT ? Les études nous montrent l'inverse : en 2019, le nombre d'agressions et d'injures homophobes a augmenté de 36 % en un an, selon le ministère de l'Intérieur[79]. Bien sûr, la libération de la parole, la médiatisation et le travail des associations au sujet de la discrimination ont participé au changement de regard des populations vis-à-vis des personnes gays, lesbiennes ou encore transsexuelles. Mais de même que la société change de regard sur la cause animale année après année, cette transformation des esprits sur ces sujets est à la fois lente et minime. Sans prendre le problème à la racine, sans voir le problème plus globalement ni prendre en compte les rouages de tels modes de pensée ou modes de vie, il semble impossible de changer de façon pérenne la condition de ces victimes, quelles qu'elles soient. D'ailleurs, cette vision élargie ne met pas en péril ni remet en cause le pouvoir des luttes singulières, encore moins

---

[78] Geoffroy de Lagasnerie, *Sortir de notre impuissance politique*, Fayard, 2020.

[79] https://www.france24.com/fr/20200517-nouvelle-pouss%C3%A9e-des-actes-homophobes-en-france-en-2019

des actions locales. La convergence des luttes n'est rien sans les luttes qui la composent. Il s'agit donc de s'appuyer sur les ressources, les travaux et les compétences de chaque mouvement, même au niveau le plus minime, pour contribuer à une force collective.

Cette théorie, qui me colle à la peau, n'est pas née de nulle part. Elle s'est vérifiée à de nombreuses reprises dans l'Histoire ainsi que dans ma propre expérience, et ce, à des niveaux bien plus variés que je n'aurais pu l'imaginer.

L'obsolescence programmée des luttes singulières

Vers une prise de conscience personnelle

Depuis l'enfance, je m'intéresse à toutes les formes de contestations sociales. Mon côté rebelle peut-être. J'ai toujours eu du mal avec l'autorité et la hiérarchie qu'elle soit religieuse, professionnelle, scolaire ou parentale. Mais ce qui me touche plus particulièrement, ce sont les mouvements qui se positionnent à l'encontre des injustices, quelle que soit leur nature. C'est ainsi que j'ai pu soutenir, de près ou de loin, la cause des peuples colonisés et opprimés, tels que les Amérindiens, les Tibétains ou encore les Palestiniens. C'est ainsi que j'ai pu étudier l'abolition de l'esclavage, d'abord défendue par une poignée de personnes pointées du doigt, puis, grâce à la ténacité de ces quelques-uns, applaudie de tous. J'ai toujours été émue par le combat des plus démunis, des immigrés, des miséreux de ce monde. Comment ne pas l'être ? À bien y réfléchir, le dénominateur commun de ces victimes qui suscitent mon empathie si singulière, c'est certainement le boulet qu'elles traînent à leur pied. De par leur minorité numérique, leur faiblesse physique, leur manque d'accès à l'information, leur pacifisme, leur naïveté ou bien leur impuissance – financière ou juridique –, ces individus, ces populations partent avec un désavantage de taille dans une lutte, de fait, perdue d'avance. Il s'agit d'abord d'un combat pour le droit de vivre, pour survivre, mais il prend parfois des allures de contestation sociale et entraîne, dans le pire des cas, des guerres civiles. Et pourtant, parce que leur situation est tellement grave qu'elles n'ont plus rien à perdre, ou parce qu'elles n'ont pas le choix, ces populations n'hésitent pas une seule seconde à se battre, pacifiquement ou non. L'image de l'enfant palestinien brandissant un caillou devant d'immenses chars israéliens symbolise à elle seule la situation que je décris là. Elle illustre à la fois l'horreur subie par les grandes victimes de ce système mondial et la force de l'utopie que je cultive et prône avec vigueur. Car malgré le décalage flagrant qui subsiste entre les aspirations des catégories défavorisées de la population et celles des puissants, entre les moyens des uns et des autres, la quête de liberté et de tranquillité vaut mille fois celle du trône ou du coffre-fort.

Pour les mêmes raisons, je me suis très vite rapprochée des mouvements écologistes, puis des associations de protection animale. Car nul ne peut nier l'immense handicap avec lesquels partent les animaux non humains et les végétaux dans ce combat déloyal. La grande majorité des êtres vivants de cette planète, sans lesquels nous ne pourrions vivre, car tout est interconnecté, n'ont pas la parole. Ils ne peuvent ni s'exprimer ni comprendre. Sans arme ni corde vocale, ils n'ont pas la possibilité de se défendre. C'est pourquoi il m'a semblé si indispensable de parler et de me battre à leur place et en leur nom.

Adolescente, j'ai participé à diverses manifestations, notamment avec des associations de réfugiés tibétains, ou contre le CPE (contrat première embauche) vanté par Villepin. C'est d'ailleurs dans le cadre de ce mouvement étudiant que j'ai goûté à ce souffle de solidarité si caractéristique des grandes marches militantes. C'est là aussi que j'ai été témoin de violences policières. Je me souviens de ce sitting[80] devant mon lycée dans les Yvelines pour contester la réforme du travail. Nous étions totalement pacifistes, chantant à tue-tête, scandant quelques slogans. Les CRS ont été appelés. Dès qu'ils sont arrivés sur les lieux, j'ai senti qu'ils cherchaient à nous défier, à nous pousser à la faute pour que l'un d'entre nous puisse être interpellé. Quand nous avons déposé des fleurs à leurs pieds, l'un d'entre eux les a écrasées de rage. Puis il s'est mis à chuchoter à l'oreille de son voisin en regardant droit dans les yeux l'un de mes amis. La provocation n'a pas manqué d'énerver mon copain qui, du haut de ses 15 ans, n'a pas su se retenir et a lancé une insulte à l'agent qui se moquait de lui. Ils avaient obtenu ce qu'ils cherchaient : une raison de faire usage de la force. Un an plus tard, à Lyon, je voyais les premiers flash-balls lancés sur des manifestants pacifistes. C'était lors des rassemblements de contestation suite à l'élection de Nicolas Sarkozy.

Toute une partie de ma famille paternelle se revendique anarchiste, ou du moins l'a été. Ma tante Sotha a co-construit le Café de la Gare, ce théâtre parisien où l'absence de chef faisait sa particularité. Mon papa y a travaillé de longues années, y a joué dans une vingtaine de pièces, y a monté ses propres spectacles. Avec Romain Bouteille, Patrick Dewaere ou encore Coluche, il était question pour les acteurs de tout savoir faire, de la régie à la couture en passant par la maçonnerie. J'ai donc toujours baigné dans cet esprit de communauté, avec l'aspiration d'un monde d'autogestion dénué de hiérarchie. Après avoir fièrement arboré le « A » de « anarchie » comme la plupart de mes amis lycéens, je me suis intéressée de plus près au mouvement libertaire en me documentant. C'est ainsi que j'ai pu étudier quelques figures historiques de cette idéologie ainsi que les différents exemples de l'Histoire où elle a pu être appliquée partiellement et victorieusement ou non. Le terme « anarchie », utilisé à tort comme synonyme de *chaos* et de *violence* dans le langage courant, relève en réalité d'une grande sagesse. Car pour

---

[80] Action où les militants s'assoient pour occuper pacifiquement un lieu.

réussir, l'anarchisme requiert justement une organisation savamment maîtrisée, basée sur le respect et la bienveillance. L'absence de chef dans une entreprise, par exemple, pousse les uns et les autres à s'investir davantage, à se sentir responsables et donc à travailler plus.

Au fil des années, je me suis inscrite dans diverses associations écologistes, animalistes et sociales. À force de lecture et de découvertes, j'ai décidé rapidement de boycotter certaines marques, certains grands groupes. Finis EDF, les produits testés sur les animaux, Nutella, McDonald's, Coca-Cola, les pesticides et les OGM, du moins autant que possible. M'intéressant de plus en plus près à la cause animale, comprenant que par rapport aux connaissances scientifiques sur la sensibilité des animaux, il était totalement injuste de considérer différemment un chien, un cochon et un canard, je suis devenue antispéciste[81]. N'en pouvant plus de cette dissonance cognitive[82] que je ressentais en pleurant devant des vidéos d'abattoirs tout en continuant de manger des steaks hachés, j'ai décidé d'accorder mes violons intérieurs et de cesser de manger des animaux. Et puis de fil en aiguille, je suis devenue porte-parole du collectif Animalistes 43 en Haute-Loire, me transformant rapidement en une cible pour les chasseurs de la région. Mais ce ne sont ni les menaces ni les boycotts de certaines librairies et médiathèques du coin qui m'ont fait abandonner. Lorsque le mouvement des Gilets jaunes a démarré en novembre 2018, j'ai immédiatement compris que la taxe carbone n'était qu'un prétexte et que le mal était plus profond. Il s'agissait avant tout de se lever contre les nombreuses injustices de ce pays, notamment fiscales, et pour la réparation de notre démocratie tant abîmée ces dernières décennies. J'ai alors rejoint les troupes avec un soulagement que je ne pouvais cacher :

---

[81] Courant de pensée qui s'oppose au spécisme et qui veut que l'on considère moralement de la même façon tous les animaux, quelle que soit leur espèce.

[82] Phénomène interne qui se joue lorsque plusieurs pensées entrent en contradiction au sein d'une même personne.

enfin, le peuple se décidait à sortir uni, montrant son ras-le-bol contre l'absurdité de ce gouvernement et des précédents.

C'est d'ailleurs au même moment que j'ai rejoint le parti utopiste REV, Révolution écologiste pour le vivant, seul parti politique non géré par des politiciens, traitant absolument de tous les sujets, de l'écologie à l'économie en passant par la démocratie, le tout dans une volonté profonde de transformer la société. De quoi convaincre l'anarchiste que je suis.

Intervenante régulière dans certains médias en tant que militante et écrivaine, je suis alors invitée par la radio locale FM43 pour commenter la naissance des Gilets jaunes, un mouvement social inédit. Quelques jours avant l'émission, l'animateur me dit qu'il cherche également à interviewer des écologistes et me demande d'en parler à ceux que je connais. À ce moment-là, je travaille au magasin Biocoop du Puy-en-Velay et je croise l'une des membres de la fédération d'associations FNE43 (anciennement REN43), spécialisée dans la protection de la nature. Tout naturellement, sans me poser de questions, je lui parle du sujet et l'invite à venir participer. Après tout, même si ce n'est que la goutte d'eau d'un mal-être bien plus ancien, la cause des premières manifestations des Gilets jaunes n'est autre que la hausse du prix de l'essence et de la mise en place d'une taxe sur les énergies fossiles. Le sujet de l'écologie est donc au cœur du débat. Peut-être trop naïve, je ne m'attendais pas à la réponse brutale de cette écologiste. D'un souffle, elle me lance : « *Ah, sûrement pas ! Je n'irai pas parler avec des gens qui manifestent pour pouvoir polluer et qui s'opposent à une taxe environnementale !* »

À cette réponse cinglante, il me semble être restée sans voix. J'avais mis le doigt sur ce qui sera, sans que je ne le sache encore à ce moment-là, l'objet de mon combat à venir. Cette faculté à se diviser alors qu'on partage une même cause et qu'on est les victimes d'un même système... Cette habitude à juger les autres, non pas sur le fond, mais sur des aprioris, sans chercher à échanger avec eux... Ce comportement humain, malheureusement naturel, qui vise à se retrancher dans un entre-soi et à s'éloigner de ceux que l'on ne comprend pas, sans vouloir chercher à les comprendre, me rend triste. Et c'est justement cette peine ressentie lors de cet incident, pourtant une simple anecdote, qui a initié en moi cette volonté d'unir les causes entre elles et à me détacher des associations monothématiques, aussi utiles soient-elles.

Bien d'autres évènements ont renforcé cette conviction qui m'habitait et qui continue de m'animer. Il y a d'abord les avantages considérables qui découlent des actions de convergence dont j'ai pu être témoin. Le simple mouvement des Gilets jaunes en lui-même, de par sa fondation, montre à quel point l'union des forces dans leur diversité est enrichissante et bénéfique. Car au sein de cette lutte, même si la majorité des membres est issue de la classe populaire, j'ai pu croiser à peu près toutes les couches de la population. Si la plupart sont des primo-manifestants qui, avant de rejoindre le mouvement, n'ont pas eu l'occasion de se politiser ni de se documenter sur les méthodes ou l'histoire des luttes sociales, quelques-uns sont des militants de longue date. La rencontre entre ces deux univers a permis des actions particulièrement efficaces, combinant planification et spontanéité. J'ai pu rencontrer des anciens de Mai 1968, mais aussi des personnes âgées et des étudiants. J'y ai côtoyé des intellectuels, des ouvriers et des femmes de ménage. Dans les réunions de Gilets jaunes, j'ai été témoin de débats surréalistes entre des électeurs du RN et des mélenchonistes ou même des communistes. Bien souvent, on ne savait même pas de quel bord ils étaient issus. Le gilet jaune permet de mettre tout le monde sur un pied d'égalité et de mettre de côté, le temps d'une assemblée ou d'une manifestation, son appartenance politique, sa profession ou sa situation familiale. Le plus beau dans la diversité de ce mouvement est certainement d'y rencontrer, parfois, des personnes sans problème d'argent, mobilisées à la fois par solidarité envers les premières victimes de ces injustices, pour leurs enfants et petits-enfants ou simplement par conviction. Cette expérience jaune, que je continue à vivre, a donc pleinement participé à mon attrait pour cette jonction des luttes singulières auxquelles j'ai moi-même activement participé.

Dans le même temps, j'ai pu constater à quel point les causes dédiées à un seul sujet, telles que la lutte antiraciste, le mouvement LGBT ou encore le féminisme ont atteint leurs limites. Attention à bien me comprendre : il est évident que ces causes n'ont pas abouti à leur objectif. Loin de là. Simplement, en l'état, sans un réel rapprochement avec d'autres luttes conjointes, mais également sans regarder le problème sur un plan plus large, il m'est apparu impossible d'aller beaucoup plus loin. Par exemple, On ne peut pas lutter efficacement contre la maltraitance animale et l'industrie de la viande sans toucher au système capitaliste dans son ensemble. Tant que nous vivrons dans un monde productiviste où le profit est le seul enjeu réellement pris en compte par les gouvernements dans leurs décisions, il demeurera impossible de réduire la cadence des chaînes d'abattoirs. Il n'est déjà pas envisageable d'utiliser des anesthésiques avant de tuer les animaux sur le simple fait que cela coûte de l'argent, alors imaginer de se passer de l'industrie carnée dans un tel système est une vaste illusion. De même, on voit bien que la transition environnementale n'en a que l'apparence. Les Accords de Paris de la COP21 n'améliorent en rien l'état de la planète et même s'ils étaient respectés, ne suffiraient pas à éviter la catastrophe climatique déjà en route ni à empêcher l'extinction des nombreuses espèces animales que nous provoquons. Si quelques avancées rythment notre époque sur le plan de l'écologie, elles interviennent bien trop tard, et ne permettent pas de freiner la chute inévitable de l'espèce humaine. Il n'y a qu'à observer l'état d'esprit du plus grand parti écologiste de France, EELV, sur le sujet. Yannick Jadot, tête de liste aux Européennes en 2019 et candidat aux présidentielles de 2022, prône un capitalisme vert[83]. De même, on ne peut lutter efficacement contre le racisme si on ne

---

[83] https://www.la-croix.com/France/Yannick-Jadot-vert-nuance-devant-entrepreneurs-2020-08-28-1201111137

se bat pas pour une meilleure insertion des personnes issues de l'immigration. On ne peut éviter les amalgames envers les Noirs et les Arabes si on continue à les rassembler dans des tours HLM, si on les exclut, de fait, du reste de la population et si on ne leur donne pas les moyens d'accéder à des postes à responsabilité. C'est bien la ghettoïsation et la différence de traitement de la police envers ces populations qui génèrent en elles ce sentiment d'injustice qui les poussent à la délinquance, aux délits et aux activités illégales, noircissant encore un peu plus leur image.

En traitant les conséquences au lieu de s'attaquer aux causes, on crée et on entretient ce cercle vicieux qui ne peut mener qu'à des situations toujours plus déplorables. De même, il est fou d'imaginer pouvoir combattre toutes les formes de domination si les victimes n'unissent pas leurs forces, ou pire, se divisent sur des appartenances politiques, partisanes, sociales ou syndicales. Les oppresseurs sont pourtant les mêmes pour tous : des technocrates, des multinationales en quête de pouvoir et d'argent. Les autorités culpabilisent les usagers pour leurs déchets plastiques, sans même penser une seule seconde à interdire la production de plastique.[84] Certains mettent toute la faute sur les agriculteurs pour leur utilisation du Roundup, alors que Monsanto continue d'avoir le droit d'en faire la promotion. Ce non-sens vaut aussi pour la lutte féministe et les combats contre les discriminations, quelles qu'elles soient. Pour changer les mentalités sur le long terme, il est d'abord question de se rencontrer, d'échanger, de débattre afin de comprendre l'autre et de faire évoluer sa pensée. Il est également nécessaire de faire passer de nouvelles lois pour protéger les personnes opprimées et de faire appliquer les textes existants. Car il y en a ! Sans un

---

[84] À ce sujet, l'émission *Cash Investigation*, sur France 2, révélait en 2018 que l'association Gestes Propres, dont les bénévoles ramassent le plastique dans la nature, était financée par de grands producteurs de plastique, tels que Coca-Cola, Nestlé, Haribo ou Danone (https://www.ouest-france.fr/medias/france-televisions/cash-investigation-le-recyclage-du-plastique-ce-n-est-pas-si-fantastique-5962232).

remodelage complet du système, si le gouvernement lui-même stigmatise une partie de sa population, il lui sera difficile d'imposer la tolérance à son peuple. Les dirigeants sont censés montrer l'exemple, sinon ils perdent en crédibilité. Sans une réelle transition assumée de la part des chefs d'État, la moindre avancée en faveur de telle ou telle minorité entraîne forcément une scission au sein de la population, car elle est alors vue comme un privilège au détriment d'une autre catégorie.

L'iniquité ressentie engendre davantage de divisions. Je pense évidemment aux végans et aux bouchers ou chasseurs, mais aussi aux écologistes et aux agriculteurs, ou encore aux Gilets jaunes et aux policiers, à ceux qui attribuent aux personnes issues de l'immigration la responsabilité de leurs propres maux et aux militants antiracistes, ou bien plus récemment aux pro-masques et aux anti-masques, aux *provax* et aux *antivax*. La véritable question que l'on devrait se poser, c'est : quelle est la cause suprême de ces maux que nous subissons et que nous souhaiterions voir guérir ? À qui profite le crime ? Je suis certaine qu'en nous creusant un peu la tête, nous trouverions tous un terrain d'entente. Mais pour cela, il s'agit de mettre son égo de côté, d'apprendre à débattre avec bienveillance, de s'informer correctement, de faire fi des aprioris, de remettre toutes nos certitudes en question, de confronter nos points de vue, de faire quelques concessions et de voir le bien commun en priorité. Pas sûr que tout le monde soit prêt à une telle démarche. Mais si le fruit de tout cela, c'est un monde plus juste, alors il n'y a pas d'autres choix.

L'imbrication des luttes entre elles

Tout est lié. Pour ce qui est des luttes, j'en suis persuadée. Facile à dire, me direz-vous. En effet, comment trouver un lien entre l'accueil aux migrants et les revendications des nationalistes anti-immigration ? Évidemment, j'ai pris là un exemple très exagéré : il sera difficile et non souhaitable de concilier des militants d'extrême droite et d'extrême gauche sur ce terrain. Mais je pense qu'avec un minimum de volonté et de recul, et en mettant de côté les personnes fondamentalement xénophobes, les deux camps pourraient finir par comprendre que ce qui les divise, et ce qui les rassemble dans le même temps, c'est ce sentiment d'insécurité qui pèse sur leurs épaules. Ainsi, un sans-papiers, qui a fui la guerre ou la misère, qui a subi un long voyage en pleine mer au risque de se noyer et qui maintenant se bat pour son intégration et sa survie en France, se sent certainement autant en danger que le Français convaincu d'être envahi par des étrangers qui, selon sa vision, lui volent travail et allocations. Je mets de côté l'inexactitude des arguments mis ici en exemple – vous connaissez sans doute ma position –, car là n'est pas le sujet. Ce qui m'intéresse c'est le point de convergence possible entre des personnes que tout oppose en apparence, mais qui militent toutes deux pour une vie plus paisible. On pourrait imaginer deux slogans que migrants et anti-migrants scanderaient à l'unisson, et qui, si appliqués par le gouvernement, mettraient un terme à leur combat d'origine :

« Du travail et des aides sociales pour tous, équitablement »

« Stop aux ventes d'armes aux pays en guerre »

Ainsi, soit les migrants seraient acceptés et pourraient vivre dignement, car ils auraient accès à de meilleures conditions de vie sans pouvoir être accusés du moindre privilège, l'ensemble de la population bénéficiant ainsi des mêmes droits, soit les migrations n'auraient plus lieu d'être, car les guerres prendraient fin. Mon exemple est certainement simpliste et la solution s'avère sans doute bien plus complexe que cela. En réalité, il faudra également travailler sur l'éducation populaire et favoriser les voyages, les rencontres et la culture pour faire évoluer les aprioris des uns et des autres. Une personne qui vient trouver refuge en France n'est pas seulement un « migrant ». C'est un être humain qui cherche la paix et la sécurité. De même, quelqu'un qui rêve d'un pays sans étrangers pourra être une personne précaire, ou terrifiée par les problèmes de la société, qui se trompe sur les véritables responsables de son malheur. Cette personne aura pris l'exemple d'un fait de violence commis par un immigré et, influencée par son entourage ou les médias, en aura fait une généralité. Quoi qu'il en soit, aussi enfouis ou flous soient-ils, des liens peuvent toujours se renouer, se tisser ou même apparaître alors qu'on les pensait inexistants tant que la volonté d'échanger est là.

La relation entre agriculteurs et écologistes sera certainement plus facile à appréhender. Je l'ai moi-même très vite réalisé à l'occasion de mes débats (même les plus houleux) avec des paysans pro-glyphosate[85]. Aucun des agriculteurs à qui j'ai eu affaire sur le sujet n'a dit prendre plaisir à utiliser des pesticides. Malgré la mauvaise foi de certains, pas un seul n'a osé me vanter le bonheur de manier un produit toxique ni de l'asperger sur la totalité de ses cultures. Si en termes de rentabilité et de finances ils pouvaient s'en passer, les paysans le feraient aussitôt. Or, les pouvoirs européens et nationaux n'interdisant pas la production de pesticides et ne proposant aucun accompagnement à la transition biologique des agriculteurs, la plupart ne peuvent se permettre de perdre des bénéfices, même temporairement. Durant des décennies, on les a poussés à agrandir leurs surfaces de production, à travailler sur des terres de moins en moins vivantes, sur des monocultures renforçant les risques de maladies et de parasites, avec des semences résistantes aux produits chimiques vendus par la même firme : rompre ce cercle vicieux serait comme signer son arrêt de mort. Le militantisme des écologistes contre l'utilisation du glyphosate ou de tout autre pesticide est alors vu non pas comme un coup de pouce, mais comme une attaque personnelle. Ainsi, on parle d'« agribashing », d'acharnement contre les agriculteurs de la part de « bobo écolos ». Des deux côtés, la communication est rompue, car la division est entretenue à la fois par les médias et par les décisionnaires qui n'ont aucun intérêt à changer leur législation sur le

---

[85] Pesticide produit par Bayer-Monsanto.

sujet : les lobbies de l'industrie agrochimique, plus puissants que les gouvernements, maintiennent leur pression pour continuer à vendre leurs produits. C'est d'ailleurs de cette façon que Barbara Pompili, ministre de la Transition écologique, est revenue sur sa décision d'interdire certains néonicotinoïdes fin 2020. Un retour en arrière qu'elle a eu du mal à justifier[86]. Pourtant, militants écologistes et agriculteurs du conventionnel auraient beaucoup à apprendre les uns des autres. Ensemble, ils décupleraient leur poids face à des ministres toujours plus sourds à leurs revendications respectives. Car au fond, ce que ces deux « camps » souhaitent sans aucun doute, c'est subvenir à leurs besoins, manger sainement et voir la nature prospérer.

Pour d'autres raisons, certains Gilets jaunes que j'ai rencontrés avaient au départ des aprioris négatifs sur l'écologie. Pour ces personnes précaires, l'écologie n'était qu'un problème de riche, car eux n'avaient pas les moyens de respecter l'environnement, même s'ils en avaient envie. Après maints débats, nous sommes tous tombés d'accord : par défaut, les pauvres sont finalement les plus écolos. Ils n'ont pas les moyens de changer de portable ou de voiture chaque année, ne peuvent se payer le luxe de prendre l'avion et n'ont pas de quoi surconsommer. De récentes études le prouvent d'ailleurs : plus on a de l'argent, plus l'impact environnemental est important[87]. Il est clair – et je m'en doutais dès le départ – qu'aucun Gilet jaune, comme aucun être humain (sauf peut-être quelques malades mentaux du type climatosceptiques) ne se fiche de l'écologie ou du Vivant. Ce sont les cases, telles que « écolo », « agriculteur », « bobo », « végan », « beauf », « islamogauchiste », « woke », « droitard », « facho », qui nuisent à la pertinence des débats,

---

[86] https://www.20minutes.fr/planete/2882567-20201011-neonicotinoides-barbara-pompili-assume-completement

[87] Selon un rapport d'OXFAM, les 10 % les plus riches de la population mondiale sont responsables de plus de la moitié des émissions de CO2 cumulées (https://www.lepoint.fr/environnement/les-1-les-plus-riches-emettent-plus-que-la-moitie-la-plus-pauvre-de-la-population-21-09-2020-2392817_1927.php).

car elles ne reflètent pas toujours l'idéologie des personnes ciblées. Parfois même, leur définition relève de l'invention. Bien souvent, ces mots fourre-tout ne reflètent pas exactement la réalité et enferment davantage les uns dans leurs préjugés et les autres dans leur cloisonnement d'esprit.

Intersectionnalité et consubstantialité

Je ne pouvais parler de liens intermilitants sans aborder ces deux termes. L' « intersectionnalité » et la « consubstantialité » occupent une place importante dans l'histoire des mouvements sociaux et plus particulièrement dans le tissage des différentes luttes émancipatrices.

En 1989, Kimberlé Williams Crenshaw, afro-américaine, propose une vision nouvelle du combat féministe. Cette universitaire militante expose l'idée selon laquelle une femme noire aux États-Unis ne vivrait pas la domination masculine de la même manière qu'une femme blanche. Elle va même plus loin en expliquant qu'une femme noire ne subirait pas le racisme de la même façon qu'un homme noir, parce que son genre contribue à lui apposer une catégorie sociale propre. Selon elle, à l'intersection des dominations de genre et de race, se trouvent de nouvelles formes d'identité trop souvent ignorées dans la lutte féministe. Cette particularité due à l'accumulation des formes d'oppression devrait non seulement être prise en compte, mais également découler sur des mesures spécifiques. L'intersectionnalité, terme alors choisi pour exprimer ce cas de figure propre à la condition féminine afro-américaine à une époque donnée, s'étend peu à peu à d'autres luttes sociales. Ainsi, d'après les sociologues et philosophes qui ont défendu cette vision par la suite, chaque groupe social est influencé, caractérisé, structuré par ses identités et expériences propres.

À chaque intersection entre races, classes ou genres, se trouvent des formes d'angles morts, eux-mêmes voués à être dominés à l'intérieur de leurs groupes. Par exemple, au sein de la lutte anticapitaliste, les personnes de couleur subissent non seulement la domination des classes, mais également la hiérarchie des races, que peut potentiellement reproduire un militant à la peau blanche, pourtant du même bord, sans même s'en rendre compte.

« Dans la mesure où les recoupements entre genre, classe et race créent le contexte singulier à l'intérieur duquel [les personnes dominées] *vivent la violence, certains des choix de leurs « alliées » risquent de reproduire la subordination intersectionnelle jusque dans les stratégies mêmes de résistance élaborées en réponse au problème »*, précise Kimberlé Williams Crenshaw[88].

Tandis que l'intersectionnalité, originairement rattachée à l'afroféminisme américain, dessine les rapports de pouvoirs comme se croisant et générant en leurs intersections d'autres problématiques propres aux rapports de pouvoirs, la notion de consubstantialité apporte, elle, une vision plus dynamique du même concept. Si tous deux interrogent le phénomène d'interrelations entre les différentes catégories de pouvoirs, l'intersectionnalité trace un schéma plat, figé, alors que la consubstantialité voit les rapports entre les classes sociales comme des liens non seulement intrinsèques, mais coextensifs. L'intersectionnalité suppose que les catégories sociales forgent les individus alors que selon la consubstantialité, théorisée par Danièle Kergoat[89], sociologue blanche – il est bon de le préciser – française et contemporaine, ce sont les rapports sociaux qui constituent les classes. Par la mise en avant de l'historicité et l'ancrage dans le « terrain » de ces

---

[88] Kimberlé Williams Crenshaw, article « Cartographie des marges : intersectionnalité, politique de l'identité et violences contre les femmes de couleur », traduit et publié dans *Cahiers du genre*, L'Harmattan, 2005.

[89] Lire Danièle Kergoat, *Se battre, disent-elles...*, collection «Le genre du monde», Paris, La Dispute, 2012.

relations sociales, l'auteure démontre leur tendance non seulement à s'entrecroiser, mais aussi à se reproduire et à s'étendre. Danièle Kergoat insiste notamment sur la place centrale du travail pour mieux comprendre les systèmes d'oppression qui se jouent autour des catégories de classes, de genre et de « race ».

Bien que ces deux concepts aient été pensés tout particulièrement pour répondre aux problématiques propres à la condition féminine et à la lutte féministe, ils peuvent tout à fait être transposés à l'ensemble des luttes sociales. Car, en effet, si en plus d'être maghrébin, par exemple, on est unijambiste, on aura encore plus de mal à s'intégrer dans la société et à trouver un emploi qu'un immigré, ou descendant d'immigré, qui répond aux normes physiques du commun des mortels.

De même, une femme transgenre, sans diplôme, vivant dans une zone non desservie par les transports en commun, sera potentiellement davantage exposée à la discrimination et aura plus de difficulté à mener une vie confortable qu'une personne au genre classique avec un bac +5, vivant dans une grande ville. Enfin, pour s'inspirer de la théorie de Danièle Kergoat, un Gilet jaune issu d'une famille d'agriculteurs utilisant du Roundup aura du mal à comprendre un Gilet jaune écologiste et le prendra peut-être de haut, reproduisant ainsi le système de domination qu'il combat. Tout comme une personne aisée ou ayant eu accès à la culture aura peut-être tendance à prendre les autres pour des imbéciles ou des fainéants, même sans vraiment le vouloir, y compris lorsqu'il s'agira de compagnons de luttes. Partant de ce constat, certains pourraient en déduire qu'il vaut mieux cloisonner ces catégories d'individus, et sous-catégories engendrées par l'intersection des premières, de façon à recentrer leurs propres luttes en évitant tout risque de rapports de domination. Je pense au contraire que c'est en se confrontant, en se rencontrant et en faisant face à nos propres schémas comportementaux, aussi nuisibles soient-ils, que l'on peut en prendre conscience.

C'est le regard de l'autre qui éclaire nos attitudes les plus obscures, celles sur lesquelles il faudrait justement travailler pour changer en profondeur nos rapports sociaux et nos comportements. D'autant que si on commence à distinguer chaque cas particulier au sein de chaque groupe pour en faire un nouveau groupe à part entière, on ne fera que diviser une organisation à l'infini. Car nous pourrions sans doute passer des heures à faire la liste des distinctions entre les membres d'un collectif. Ça me fait d'ailleurs penser au mouvement LGBT qui au fil des années et des remontées de ses membres a ajouté de plus en plus de lettres à son sigle, de façon à représenter tout le monde et de n'en froisser aucun. Mais à force de classer les personnes en fonction de leur genre, de leur absence de genre ou de leur orientation sexuelle pour lutter contre leur discrimination, l'effet a tendance à être contre-productif, favorisant la stigmatisation. C'est tout le paradoxe de cette démarche : plus on subdivise les catégories de personnes dans le but de les protéger, plus on les expose à l'isolement et donc au jugement, à la méconnaissance et possiblement à l'agression. Et si chaque fois que l'on rencontrait une nouvelle singularité dont on estime qu'elle mérite un combat particulier, nous nous amusions à constituer de nouveaux sous-collectifs, alors il est évident qu'à la fin de la répartition, nous nous retrouverions avec une tripotée de « collectifs » constitués chacun d'un seul individu. Car chaque être est unique. Chaque personne dispose d'une expérience, d'un *background*, d'une personnalité et d'un héritage culturel qui lui sont propres. Mais tout seuls, contre quoi pouvons-nous efficacement lutter ?

Que pouvons-nous obtenir sans la force du groupe, alors que nous sommes des êtres prosociaux ?

Sans mener forcément ces concepts à leur extrémité – chose qui reste toutefois nécessaire pour en comprendre les enjeux et les limites –, appliquer l'intersectionnalité et la consubstantialité, c'est donc risquer d'éparpiller les luttes et les priorités, plutôt que de les structurer. Pour autant, il me semble intéressant de s'en inspirer, à la fois pour éviter les pièges qui y sont liés, mais aussi et surtout pour en tirer le meilleur. En effet, si ces théories ne me séduisent pas dans leur conception première, elles améliorent ma compréhension des rapports qui se jouent entre les mouvements sociaux. Sorties de leur contexte d'origine et légèrement modifiées, elles pourraient même apporter ce qui manque à la lutte pour la convergence – et non pas la convergence des luttes. Ce qui m'interpelle d'abord dans cette façon de lier les rapports sociaux entre eux, c'est cette subjectivité apportée par la création de sous-catégories. Mettre le focus sur la condition des femmes noires pour traiter de la question féministe permettrait de mieux l'appréhender, de multiplier les angles de vue et les modes d'action. Ce nouveau regard pourrait faire l'objet de discussions internes et même de la création de groupes de travail spécifiques, provoquant ainsi des rencontres et des échanges qui n'auraient pas forcément eu lieu d'être avec une vision globale du féminisme. Mais pour que ces travaux aboutissent, il me semble indispensable, en parallèle, de bien conserver une structure d'ensemble, quitte à l'alimenter de nouvelles suggestions.

Pour reprendre l'un de mes exemples précédents, quel que soit le nom pris par le mouvement LGBTQIA+[90] – quoique la longueur et la difficulté à déchiffrer le terme puisse parasiter le combat –, si celui-ci reste uni et indivisible, alors il gagnera en puissance. Je veux dire par là que dans l'union, la diversité est à cultiver. Enrichie de l'ensemble de ses identités propres et des connaissances de celles-ci, une organisation soudée gagnera en cohérence et en efficacité. C'est en tout cas ce que j'ai pu observer dans les groupes avec lesquels j'ai travaillé. Les tours de table, les échanges, les prises de parole, les témoignages individuels et la création de sous-ateliers selon les affinités participent à la solidité et au bon fonctionnement d'un mouvement, quelle que soit sa nature. Tant que les spécificités de chacun et de chaque sous-groupe ne sont pas

---

[90] Aux États-Unis, il existe un sigle encore plus complexe : LGBTTQQIAAP (https://www.liberation.fr/france/2018/01/25/mais-ca-veut-dire-quoi-lgbtqia_1625090/).

comparées ni mises en compétition, car la souffrance, subjective, n'est pas quantifiable, les avantages de ce type d'organisation sont nombreux.

L'AFFAIRE
DE QUELQUES ANNÉES

2018 : Le début d'un effet domino

Depuis fin 2018, les peuples envahissent les rues. Le mouvement des Gilets jaunes en France marque le début de cette immense vague qui continue de déferler sous d'autres formes à l'heure où j'écris. L'épidémie du coronavirus et le premier confinement ont simplement mis sur pause le film contestataire auquel tout le monde pouvait assister. Mais cette pause est de courte durée. En 2020, à quelques semaines du premier déconfinement annoncé, de premiers appels aux rassemblements se lancent ici et là sur les réseaux sociaux, tandis que les banlieues commencent déjà à exprimer leur colère[91][92]. Puis avec la Loi sur la

---

[91] https://www.francetvinfo.fr/sante/maladie/coronavirus/les-services-de-renseignements-s-inquietent-du-passage-a-l-acte-de-groupes-radicaux-apres-le-confinement_3917739.html

Sécurité Globale examinée en première instance le 17 novembre 2020 – jour anniversaire du mouvement, quel pied de nez –, c'est un regain de mobilisation qui s'opère, entraînant avec lui syndicats et militants de tout bord. En 2021, l'instauration du pass sanitaire fait grandir les rangs des manifestants, de plus en plus éclectiques, sur un même fond de combat prolibertés. En 2022, le pass vaccinal redouble d'effets en termes de mobilisation.

Novembre 2018 : la goutte d'eau

Le même jour – et même la veille, pour être précise – où la contestation jaune a débuté en France, ce sont les Belges qui revêtent le gilet fluo, en réponse à l'appel français, pour les mêmes raisons que leurs voisins. Le mouvement est alors rapidement imité dans toute l'Europe : en Allemagne, en Bulgarie, en Espagne, en Grèce, en Irlande, en Italie, au Portugal ou encore au Royaume-Uni, plus ou moins ponctuellement[93]. Mais la révolte populaire ne s'arrête pas à l'Europe ni à la couleur du vêtement. D'autres pays du monde, chacun avec son contexte politique, voient s'initier de grands mouvements sociaux locaux en parallèle au premier.

Les points communs ne sont pas seulement temporels, ils se trouvent également dans la source et la forme des soulèvements. La plupart démarrent sur une mesure jugée antisociale et injuste, quoique minime. Si en France, comme en Équateur ou à Haïti, la taxe carbone et la hausse du prix de l'essence amorcent les manifestations, au Chili, c'est l'augmentation du tarif du ticket de métro qui met le feu aux poudres. Au

---

[92] https://www.ladepeche.fr/2020/04/23/avec-le-confinement-les-banlieues-sont-a-bout,8858653.php

[93] https://fr.wikipedia.org/wiki/Mouvement_des_Gilets_jaunes_dans_le_monde

Soudan, on fustige la hausse du prix du pain, tandis qu'au Liban, on se lève contre une taxe sur les appels WhatsApp. Mais contrairement à ce que dénoncent alors les opposants à ces contestations populaires, les causes initiales ne représentent en rien les motifs principaux. Il s'agit simplement d'une goutte d'eau dans le vase de la colère, une série de déclics qui déclenche l'expression d'un malaise plus profond. En Algérie, par exemple, le peuple vit l'annonce de la candidature d'Abdelaziz Bouteflika pour un cinquième mandat comme l'humiliation de trop. Cela fait des années que le peuple blâme le gouvernement pour sa politique injuste et liberticide. Le chômage et la misère ont trop longtemps duré : les Algériens demandent un réel changement de système, basé sur la redistribution des richesses du pays. Globalement, tous les manifestants du monde se plaignent d'une politique néolibérale déconnectée du quotidien des citoyens ainsi que d'un manque de démocratie et de justice fiscale[94].

Outre ces contextes similaires, c'est l'organisation des mouvements sociaux qui est intéressante à observer. Partout ou presque, on réclame une certaine horizontalité, en opposition au modèle pyramidal dans lequel on a perdu confiance. Il faut dire que l'ère du numérique et des réseaux sociaux facilite cette spontanéité. C'est à qui prendra des initiatives, à qui les suivra, selon les compétences et les disponibilités de chacun. En un clic, une seule pression de doigt sur l'écran, une information circule vers l'ensemble du groupe. Sans leader officiel, difficile d'accuser un responsable. C'est donc également un excellent moyen de protéger les activistes. Bientôt, cette volonté de travailler sur une même ligne, sans chef, montre aussi ses limites et ses failles. La force de ces mouvements incarne également, paradoxalement, leur faiblesse. Parce que c'est nouveau ou parce que la spontanéité manque souvent

---

[94] https://www.nouvelobs.com/monde/20191025.OBS20322/hong-kong-chili-liban-la-mondialisation-de-la-colere.html

https://www.lemonde.fr/les-decodeurs/article/2019/11/08/du-declencheur-local-a-la-revolte-globale-la-convergence-des-luttes-dans-le-monde_6018514_4355770.html d'organisation, l'absence de figures ou de coordinateurs présente parfois des signes d'incohérences, une impossibilité à négocier avec les gouvernements. L'exception qui confirme – peut-être – la règle, c'est le cas soudanais. Parmi les multiples révoltes contestataires, celles du Soudan se différencient par leur importante organisation et l'apparition de leaders clairement nommés. Cela n'empêche pas le gouvernement de réprimer violemment les manifestants[95].

Que conclure de tout cela ? Simplement que, quelles que soient leurs imperfections, la majorité de ces mouvements sociaux récents ont perduré. Mieux : ceux-là ont résisté malgré le retrait de la mesure originelle (en France, l'annulation de la taxe carbone, à Hong Kong, la suppression du projet de loi d'extradition). L'Algérie, la Colombie, l'Équateur, la France, l'Iran, le Liban et le Soudan font partie des nombreux pays toujours en pleine crise sociale[96]. Fin 2019 et début 2020, de nouvelles manifestations ont vu le jour, allongeant encore la liste des pays indociles. Dès le mois de janvier 2020, des ouvriers, indigènes et étudiants colombiens se regroupent et montent un comité de grève afin de soumettre au gouvernement une liste de 104 revendications. Au Mexique, une grève d'étudiants et d'enseignants a lieu au mois de février, malgré la répression. Et si en Argentine, les travailleurs du transport public réclament une hausse des salaires, au Brésil, ce sont plus de 20 000 employés de la compagnie pétrolière Pétrobas qui sont en grève illimitée. Un blocage d'une usine d'engrais débute également dans le sud du pays. La population irakienne s'unit malgré les divergences sociales et religieuses contre un gouvernement toujours plus autoritaire. Les blocages et les actions contre les attaques de bâtiments ont lieu quasi quotidiennement. L'Afrique du Sud avec l'usine Toyota de Durban, le Royaume-Uni avec les grèves dans le secteur

---

[95] https://www.rfi.fr/fr/afrique/20191213-2019-coleres-manifestations-gilets-jaunes-liban-irak-iran-soudan-equateur-chili

[96] Ibid

du rail et l'Ukraine avec ses blocages de la mine de charbon Kapitalpa font partie des nombreux autres cas qui peuvent être vus comme les symptômes d'une crise systémique indéniable[97]. Si l'épidémie a tu les slogans et les revendications, la colère a persisté malgré le confinement. La contestation mondiale à laquelle nous assistons – ou participons – n'a pas fini de fatiguer les dirigeants.

Gilets jaunes : un cas d'école

Groupe diversifié par essence, coalition par nature, le mouvement des Gilets jaunes est une forme de convergence à lui seul. Et ce mouvement aux multiples facettes, devenu une unité hétérogène et riche de visions variées, a su s'allier à d'autres formations de façon plus ou moins durable. Malgré les quelques épisodes orageux de l'histoire des Gilets jaunes, il m'a semblé important de m'arrêter quelques instants sur cet exemple de convergence des luttes, car il sonne aujourd'hui comme le point de départ d'une vraie tendance à la réunification des actes de militantisme.

- Vent d'anarchie et convergence naturelle

Constitué de personnes de tout bord et de tout horizon, le mouvement des Gilets jaunes, dès 2018, se distingue immédiatement par son aspect novateur. Contrairement à la plupart des épisodes d'insurrection populaire, celui-ci est rejoint par une grande majorité de personnes qui n'ont jamais eu l'occasion de manifester auparavant. Beaucoup ne se sont même jamais intéressés à la politique et ont entamé une instruction

---

[97] https://monde-libertaire.net/?article=La_contagion_des_luttes_est_un_imperatif

autodidacte sur l'histoire de France, les mouvements de protestation, l'économie, les méthodes de protection face à la violence policière, les premiers secours ou encore la démocratie et la Constitution française, en même temps que leurs camarades sur le terrain. Dégoûtés de l'échiquier politique et de ses représentants, mais aussi des mensonges des gouvernements, les Gilets jaunes expriment un refus de la verticalité. Si des porte-parole sont nommés et si des groupes de travail (street medics, actions, stratégie, ateliers constituants…) sont créés, l'accent est tout de suite mis sur la démocratie participative et chaque décision est prise le plus collectivement possible. Si bien que de réunion en réunion, de manifestation en manifestation et d'action publique en construction d'abris sur les ronds-points, un vent d'autogestion et d'anarchie guide la lutte.

Je me souviens encore de cette première réunion à laquelle je participe au Puy-en-Velay fin 2018, dans un local prêté pour l'occasion par le syndicat Force Ouvrière. Un animateur est alors nommé. Des doigts se lèvent pour prendre la parole. Une personne pose une question à l'animateur, comme s'il s'agissait d'un professeur. Celui-ci lance : « *non, mais ne me regardez pas comme ça, ce n'est pas moi qui prends les décisions !* » Il est alors émouvant d'entendre ces voix hésitantes prendre finalement de l'assurance au fil des rassemblements. Chaque proposition est ensuite soumise à un vote et les débats en entraînent d'autres, créant parfois des tensions, des engueulades, mais aussi des réconciliations. Tout n'est pas rose : chacun apprend de ses erreurs, l'enseignement se fait sans aucun recul sur la situation.

On assiste là à la construction en temps réel d'une organisation inédite avec l'ambition de transformer la société pour la rendre meilleure. Et puis il faut aussi apprendre à cohabiter et à discuter avec des personnes avec qui jamais, au grand jamais, nous n'aurions conversé dans d'autres circonstances. Au départ, les sujets tabous ou particulièrement partisans sont soigneusement évités, de façon à se concentrer sur les sujets qui nous rassemblent, tels que la volonté d'instaurer le Référendum d'Initiative Citoyenne par exemple, comme le raconte Laurent Denave, ami de lutte et sociologue :

« [...] *ce mouvement a rapproché des personnes de gauche comme de droite qui ont des adversaires communs (en tout premier lieu Macron et son gouvernement) et des revendications communes. À cet égard, la défense du RIC (et donc la lutte pour plus de démocratie qui dépasse le clivage gauche/droite) a joué un rôle déterminant pour maintenir l'unité au sein du mouvement. De plus, dans un grand nombre de ronds-points et assemblées de GJ, on a évité d'aborder les sujets clivants, en particulier les questions identitaires (sexualité, religion, couleur de la peau, etc.)* »[98].

Puis, au fil du temps, on s'autorise à amener ces sujets sur le tapis quand ils s'avèrent nécessaires. Car finalement, si le mouvement des Gilets jaunes est si novateur, c'est parce qu'il s'agit d'une initiative de convergence des luttes. Et même si, comme nous l'avons vu précédemment, l'union des combats militants ne date pas d'hier, c'est bien l'une des premières fois où cette tentative de convergence n'est pas due au hasard. Il s'agit d'une nécessité numéraire pour renverser le rapport de force : faire bloc pour combattre des mesures gouvernementales, sortir en nombre pour occuper les rues et afficher une image unie face aux tentatives de divisions.

- Gilet jaune : un symbole de non-appartenance devenu drapeau

En référence aux gilets de sécurité routière, l'appel est lancé de porter un gilet de couleur jaune pour le premier rassemblement contre la taxe carbone. Puis le vêtement reste, devenant rapidement le symbole d'un mouvement unique voué à s'inscrire dans l'histoire. Si au départ, la veste fluo est portée comme un étendard d'union, permettant de dissimuler les

---

[98] *S'engager dans la guerre des classes*, Laurent Denave, Raisons d'Agir, mai 2021.

étiquettes partisanes et autres singularités derrière une couleur unie, celle-ci se transforme malheureusement en une nouvelle bannière. Une nouvelle couleur militante identifiable tout comme un drapeau de la CGT, un bonnet rouge ou un sigle de parti politique. Avant même que cette question ne se pose, je suis alors interloquée par le déferlement de gilets aux couleurs différentes. Les écologistes sortent dans la rue vêtus d'un gilet vert, les féministes décident d'afficher un gilet violet.

Les avocats sont habillés de noir, les ouvriers, d'orange et les policiers, de bleu. Si bien qu'au lieu d'un faisceau blanc, symbole d'union, la rue se colore d'un arc-en-ciel de colères[99], certes liées par des causes communes, mais toujours ostensiblement divisées. Le travail acharné des membres du gouvernement et des médias pour salir l'image des Gilets jaunes au lieu d'appeler à l'union, le vêtement jaune devient rapidement un signe distinctif qui rebute ou repousse les personnes extérieures. Petit à petit, le jaune reflète davantage un mouvement fermé et sectaire, qu'une communauté ouverte et accueillante. Le piège de l'entre-soi se referme. Du moins, c'est ce que je constate à l'époque et encore aujourd'hui. D'autres Gilets jaunes ont une vision totalement différente du symbole vestimentaire. C'est le cas de Laurent Denave pour qui le remplacement du gilet par le mot fourre-tout « citoyen » a été le véritable fauteur de troubles dans l'évolution du mouvement :

« Le terme « citoyen » (à l'instar de « démocratie » ou « peuple ») est une abstraction politique qui ne correspond à rien (de précis) dans la réalité. En adoptant ce type de catégorie courante (et consensuelle), on gagne sans doute en légitimité, mais on perd probablement en efficacité. Les GJ qui se présentent comme de simples « citoyens » (en colère ou non) veulent éviter de passer pour des militants « radicalisés » (comme on veut le faire croire dans les médias dominants), mais ils dénient l'antagonisme social que la

---

[99] Voir mon article « Le Jaune, le Bleu et le Truand » paru dans *Le Monde Libertaire* en 2019 à ce sujet : https://www.azelmasigaux.com/gilets-jaunes-chronique-pour-le-monde-libertaire-mars-2019.

couleur jaune symbolise, l'opposition à la classe dominante. Ce faisant, ils se privent d'un signe politique qui a ses vertus »[100].

- Convergence : échecs et réussites

Heureusement, même si une stratégie de communication concertée aurait été intéressante pour donner un nouveau souffle aux Gilets jaunes et redorer leur image, les esprits, en interne, sont aujourd'hui sensiblement les mêmes qu'au départ, à savoir diversifiés, mais tournés vers un but commun. L'objectif d'une convergence des luttes est ainsi resté intact pour la plupart des membres du mouvement.

Depuis plus de 3 ans, parmi de nombreux échecs, de belles victoires inespérées ont lieu. Ainsi, malgré des aprioris de tout bord et de grands épisodes de mésentente, diverses manifestations peuvent toutefois avoir lieu conjointement entre Gilets jaunes et syndicats (CGT, FO...). Des appels sont également lancés à plusieurs reprises aux policiers, aux gendarmes ou encore aux pompiers durant les manifestations[101]. En guise de soutien et malgré les menaces de sanction de la part de leurs chefs, certains déposent leurs casques à leurs pieds en signe d'union. Des cortèges réunissent soignants et Gilets jaunes.

L'action menée dans le centre commercial Italie 2 à Paris en octobre 2019 est l'illustration d'une action convergente réussie. Les écologistes activistes Extinction Rebellion et les Gilets jaunes décident alors d'occuper les lieux. Les deux « camps » trouvent un point commun : les

---

[100] *S'engager dans la guerre des classes*, Laurent Denave, Raisons d'Agir, mai 2021.

[101] Toujours dans son ouvrage *S'engager dans la guerre des classes*, à partir de la page 13, Laurent Denave, sociologue et l'un de mes camarades Gilets jaunes, raconte quelques épisodes de convergence au sein de mouvement et diverses tentatives d'union avec des habitants de quartiers populaires, avec des écologistes, des syndicats ou encore des forces de l'ordre.

centres commerciaux représentent à la fois l'absurdité écologique, combat mené par XR et la puissance des lobbies de l'industrie agroalimentaire, un sujet au cœur de la lutte des Gilets jaunes. Une fois à l'intérieur du bâtiment, des échanges entre écologistes et manifestants en gilets jaunes ont lieu : deux mondes qui ne se côtoient pas fraternisent ainsi, un peu par hasard, le temps d'une action commune qui reste aujourd'hui l'un des grands succès du mouvement.

- Absence de chefs et leaders naturels

La spontanéité du mouvement et de ses actions a fait sa force, mais aussi sa faiblesse. Car celle-ci a parfois pris le dessus sur sa structuration. Il me semble que les deux auraient été nécessaires. De la même manière, l'absence de hiérarchie, qui fait partie des grandes lignes directrices des Gilets jaunes, a vu ses limites tout en servant la lutte. Que ce soit en réunions sur les ronds-points, dans les assemblées locales ou lors d'ateliers de travail, les participants ont toujours fait en sorte de voter chaque décision et d'en débattre. Les porte-parole ont été nommés localement, uniquement dans le but de porter la parole du groupe, jamais pour gouverner. Pourtant, dans les faits, les choses ne sont pas aussi simples et le schéma dominé/dominant tant décrié par les militants a eu tendance à ressurgir, consciemment ou non. Et cela n'est pas seulement une histoire d'égo de la part de quelques-uns en quête de renommée, c'est plutôt, semble-t-il, le fait d'une relation qui s'opère naturellement entre les leaders et les suiveurs. Cela n'est en rien un jugement ou une critique, simplement un constat : de par leurs parcours et leur caractère respectifs, comme partout, les individus se placent intuitivement à des postes dans lesquels ils se sentent à l'aise. Et si la volonté de s'affranchir de la hiérarchie a du bon, l'absence de structure peut parfois provoquer quelques abus, généralement non volontaires. Ainsi, certains ont reproché aux leaders autoproclamés, nommés ou mis en avant par leur situation (Jérôme Rodrigues a été mutilé par un tir de LBD, par exemple), de prendre des décisions sans le consentement de l'ensemble des Gilets jaunes. Il s'agit notamment des déclarations de manifestations, des organisations d'actions ou encore des lieux de rassemblements. Mais sans élection ni règle clairement définie, « *il n'existe aucun moyen de contrôle sur ces déclarants comme sur les personnes qui peuvent prendre (seules ou presque) des décisions qui concernent tous les GJ* », explique Laurent Denave[102]. Des tentatives de structurations ont tout de même eu lieu à l'occasion des ADA – Assemblées Des Assemblées –, au sein desquelles ont été votées des lignes stratégiques et mis en place des outils de communication. Mais ces réunions n'ont pas été rendues légitimes et n'ont pas été reconnues de tous. Quant à l'existence de leaders, elle me paraît naturelle et inévitable. Je dirais même qu'elle est fondamentale, à condition bien sûr que ceux-ci n'outrepassent pas leur rôle, à savoir orienter une manifestation, porter la voix d'un groupe dans les médias ou encore proposer des idées au reste du mouvement.

Mais comment fixer ces limites ? De leur côté, les « suiveurs » doivent faire attention à ne pas tomber dans le culte de la personnalité et le fanatisme. Si les leaders ont un visage, il doit être celui d'une cause et non d'une identité. Les atouts et différences des uns et des autres – capacité à débattre et argumenter, connaissances dans tel ou tel domaine, capacité à fédérer – doivent servir à la communauté et non aux intérêts privés. Tout le monde doit y mettre du sien pour tirer le meilleur des qualités humaines de chaque militant, qu'il soit bon en animation d'évènements ou de débats, en organisation stratégique, en conseils juridiques ou encore en soins médicaux.

Grâce à une excellente communication interne, la cohésion de groupe a parfois été à l'origine d'instants formidables où les savoir-faire de chacun, mués par un objectif commun, ont permis des actes solidaires exceptionnels. De la reconstruction de cabanes après la destruction par

---

[102] Ibid

les policiers au sauvetage des victimes par les *street medics* dans les manifestations les plus violentes, en passant par les marches massives et coordonnées dans les grandes rues parisiennes, ces épisodes fraternels m'ont parfois mis la larme à l'œil. Dans ces moments inoubliables, lorsque les égos et les individualités ont pu s'effacer au nom du bien commun, c'est comme si les membres du groupe, faisant corps, avaient été les cellules d'un seul organisme mouvant. Ces évènements, que je qualifierais d'apothéoses de convergence, je ne les oublierai jamais.

L'effet « confinement » sur les luttes sociales

En début d'année 2020, face aux mesures sanitaires de plus en plus restrictives, les luttes sociales alors en cours dans le monde entier s'arrêtent naturellement. Ou du moins, s'amoindrissent. La peur de la contagion, la maladie vécue de près ou de loin, mais avant tout le respect des mesures gouvernementales, motivé par la crainte des sanctions, étouffent ainsi les soulèvements contestataires partout sur la planète, comme si un couvercle avait été posé sur la marmite des revendications bouillonnantes. Côté solidarité, par contre, les citoyens ne chôment pas. En France notamment, les bénévoles se font de plus en plus nombreux dans les associations, les dons augmentent, les voisins se rendent des services, de multiples initiatives émergent et se mettent en place pour aider les plus démunis[103]. Et même si les distributions gratuites de repas sont régulièrement interrompues par les forces de l'ordre[104], elles perdurent, les bénévoles n'hésitant pas à enfreindre les règles sanitaires pour venir en aide aux personnes frappées de plein fouet par la crise.

---

[103] https://www.lemonde.fr/societe/article/2020/04/17/jamais-on-n-avait-vu-un-tel-engagement-le-confinement-provoque-un-elan-de-solidarite_6036862_3224.html

[104] « A Montreuil, la police interrompt une distribution solidaire de nourriture », *Libération*, 01/05/2020

Durant ce premier confinement quasi mondial dès le mois de mars, quelques rares manifestations se déroulent malgré les risques encourus. Celles-ci sont minutieusement organisées, adaptées, repensées, de façon à contourner les interdictions de se rassembler. On se souvient par exemple de la très spectaculaire manifestation pro-démocratie à Tel-Aviv en Israël le 19 avril 2020 : les quelque 2 000 militants présents, masques plaqués sur la bouche, se tiennent alors à égale distance, immobiles, obéissant ainsi aux règles de distanciation sociale tout en occupant un maximum d'espace. Autre exemple lors d'une réunion de Gilets jaunes à laquelle je participe, en plein confinement, dans un parc du Puy-en-Velay. Sous l'œil mi-méprisant mi-curieux des passants, nous nous tenons à un mètre les uns des autres et masqués tels des voyous préparant un braquage. Si en 2020, la colère s'exprime moins dans la rue, elle se libère sur internet. À l'heure où les distanciations sociales, l'isolement et les gestes barrière séparent les humains, ceux-ci se rapprochent virtuellement. Ils créent des groupes militants sur Facebook, postent des vidéos, des *lives* et des débats. Ils filment des actions éclair avant de les partager sur le web.

Malgré le déconfinement du 11 mai en France et, à peu de jours près, partout ailleurs en Europe et dans le monde, les rassemblements ne reprennent pas à la mesure de la colère ambiante. La période estivale ne sera pas l'occasion d'exploiter cette énergie militante tant refoulée. Du moins, toujours pas dans la rue. Les citoyens sont alors trop occupés à remonter financièrement la pente, à se remettre moralement de cet éloignement forcé et pour ceux qui en ont les moyens, à partir en vacances. Les seules manifestations maintenues durant ces quelques mois « normaux » sont globalement vivement réprimées. Pour celles que j'ai vécues, je pense particulièrement au 14 juillet. Le matin, nous réclamons l'indépendance de l'IGPN (police des polices) devant le siège de l'administration à Paris. Le cortège, pourtant situé sur un périmètre déclaré, est rapidement scindé en deux par des tirs de grenades lacrymogènes. L'après-midi, le rassemblement massif organisé par les syndicats du secteur de la Santé n'a pas le temps de rejoindre son point d'arrivée qu'il est déjà brutalement dispersé par les forces de l'ordre. Tout le long du parcours, j'observe les policiers resserrer les rangs de chaque côté du cortège et marquer des arrêts réguliers, provoquant crises de panique et mouvements de foule. Jamais je ne me suis autant sentie menacée par les « gardiens de la paix » que ce jour-là, jour de Fête nationale, jour du peuple français, symbole de la fin de la monarchie. Arrivés sur la Place de la Bastille, nous sommes ainsi violentés jusqu'à ce qu'on cède. Lorsque, réfugiée dans une bouche de métro, je vois apparaître une brigade de CRS en haut des escalators, lançant des grenades lacrymogènes dans le seul but d'asphyxier les militants, je comprends qu'il ne s'agit plus de maintien de l'ordre, mais d'agression pure et simple.

Toujours à Paris, c'est certainement la très attendue manifestation de rentrée, organisée le 12 septembre par Jérôme Rodrigues, Gilet jaune, ainsi que divers collectifs – dont Les Convergents, que j'ai co-fondé – qui marquera paradoxalement le début d'une nouvelle « trêve ». Les divisions internes, combinées à une répression toujours plus forte et à un nassage insupportable par les forces de l'ordre sur la Place Wagram ont raison du moral des troupes. Ailleurs sur Terre, même ambiance : l'été, les marches et rassemblements sont moins systématiques, mais les évènements qui demeurent malgré le contexte sanitaire sont davantage déterminés et par conséquent, plus durement réprimés. Le mouvement Black Live Matter – contre le racisme systémique envers les Noirs aux États-Unis –, ravivé par la mort de George Floyd le 25 mai, entraîne de grandes marches partout en Europe et dans le monde. Mais chaque fois, la police violente les foules. En France, le ministre de l'Intérieur Christophe Castaner agit de manière plus fourbe : il interdit toutes les manifestations, sauf celles contre le racisme. La méthode, jugée injuste et incohérente, génère de grandes divisions au sein de la population, certains dénonçant les privilèges accordés aux quartiers populaires au détriment des Gilets jaunes qui ne bénéficient pas du même traitement en manifestation. Diviser pour mieux régner. À Haïti, l'accumulation des catastrophes pousse les citoyens à se mobiliser malgré la situation sanitaire. Les cyclones, la pauvreté, l'état désastreux des hôpitaux, l'illégitimité du gouvernement en place, la corruption, la pénurie d'eau : tout pousse les Haïtiens à braver les interdits et à reprendre la mobilisation de rue dès le 7 juin. Celle-ci, comme les suivantes, sera rapidement réfrénée par la police. Deux journalistes seront d'ailleurs blessés lors de cette reprise.

Une reprise progressive partout dans le monde

Vous l'aurez compris, le contexte sanitaire et autoritaire des gouvernements les six premiers mois de la pandémie a pour effet une atténuation de la mobilisation sociale. Mais cette chute des manifestations ne signifie en rien que la colère a disparu. Au contraire : c'est une véritable marmite en ébullition qui ne demande qu'à déborder[105] et qui, d'ailleurs, s'illustre avec vivacité dès l'instauration du pass sanitaire à l'été 2021. En attendant, tandis que les élans de solidarité s'accroissent partout où la misère augmente, la pénibilité de la vie dépasse celle de la maladie, poussant certaines populations désespérées à désobéir aux interdictions de manifester. Partout, on sent que le voile posé temporairement sur la grogne sociale commence à se fissurer.

C'est à partir de l'automne que les luttes reprennent en intensité. Je ne m'attarderai pas sur les rassemblements purement anti-masques ou anti-confinement, car ils ne s'attaquent pas aux problèmes de fond et ont juste pour effet de discréditer le travail des militants qui réclament plus

---

[105] https://basta.media/Manifestation-soignants-contestation-sociale-discours-Macron-monde-d-avant-violences-policieres-gilets-jaunes

de justice ou de démocratie. Ceux-là organiseront bientôt de nouvelles marches de grande ampleur. En France, c'est l'instauration de la réforme des retraites, votée malgré le refus massif des syndicats et citoyens, puis celle de la Loi Sécurité Globale[106] qui mettent le feu aux poudres. S'ensuit une véritable scission entre journalistes et gouvernement suite à l'interpellation et au matraquage de certains d'entre eux à l'occasion de la manifestation du 17 novembre, jour anniversaire des Gilets jaunes, puis lors de l'évacuation de sans-papiers Place de la République le 23 novembre. Ailleurs, les soulèvements reprennent aussi de la vigueur. En Israël, le mouvement pour la démission du Premier ministre Benyamin Netanyahou, inculpé pour corruption, redémarre en force dès le mois d'octobre. En Colombie, une mobilisation inédite s'opère le 19 octobre contre les regains de violence et le laisser-faire du gouvernement. À cette occasion, pas moins de 7 000 aborigènes rejoignent les rangs de ce véritable mouvement de résistance, bientôt suivi par d'autres évènements de ce type, seulement atténué par les fortes pluies du mois de novembre. Au Chili, la mobilisation sociale aboutit en octobre au vote d'une nouvelle constitution, plus démocratique, remplaçant celle de Pinochet, avant l'élection prometteuse de Gabriel Boric, l'année suivante. Au Pérou, de vives contestations contre le président intérimaire Manuel Merino mènent à sa démission le 15 novembre 2020, après avoir entraîné la mort de deux manifestants par la police. En Amérique centrale, le Guatemala connaît lui aussi un moment historique. Patience et détermination des citoyens font finalement plier le Parlement sur la question du budget, voté précédemment et largement contesté. Celui-ci, annulé le 23 novembre, reposait sur la dette publique et favorisait le secteur privé au détriment de la Santé et de l'Éducation. Pour les

---

[106] Sous prétexte de protéger les forces de l'ordre contre les menaces et représailles (deux lois, plus punitives, existent déjà en ce sens et ne sont pas appliquées), la loi Sécurité Globale interdit la diffusion d'images de policiers lorsqu'il y a intention de nuire (improuvable juridiquement), autorise l'utilisation de drones de surveillance par la police, autorise le port d'armes en dehors des heures de service, et donne bien d'autres droits aux forces de l'ordre. La loi est votée à l'Assemblée le 24/11/2020.

Guatémaltèques, reste à obtenir la démission du président Alejandro Giammattei. Si depuis plusieurs mois, la tension monte en Thaïlande, la mobilisation étudiante s'accroît dès le mois d'octobre. Les manifestants, bientôt rejoints par toutes les couches de la population, réclament une vraie démocratie ainsi que le lever de tabou sur la monarchie. Au lieu de juguler la mobilisation, les violences policières et les menaces gouvernementales ne font que l'attiser davantage. Bien d'autres pays connaissent en cette fin d'année 2020 de véritables soulèvements populaires, remettant en question le système dans sa globalité : c'est le cas de la Biélorussie, du Kirghizistan ou encore du Nigeria, malgré la forte répression subie à chaque rassemblement. L'Europe, et notamment l'Italie, le Royaume-Uni et l'Espagne, s'embrase d'abord contre l'état d'urgence sanitaire, permettant par la même occasion aux gouvernements la mise en place de mesures de plus en plus autoritaires.

Quelques pays, du fait de leur agenda particulier et de la dureté de leur régime, font exception à la règle, tout en laissant présager une reprise inévitable de la contestation. C'est le cas du Liban. Un an après l'immense soulèvement du 19 octobre contre la crise économique, la déconnexion des dynasties politiques et le poids du communautarisme, le pays est au plus mal. L'ancien premier ministre Michel Aoun est désigné pour former un nouveau gouvernement, plongeant le peuple dans un sentiment de déjà-vu, tandis que la crise financière augmente. Pour couronner le tout, après une grave explosion à Beyrouth au mois d'août, provoquant décès, morts et destructions de nombreuses habitations, le Liban connaît une recrudescence des contaminations au Covid-19, engendrant un nouveau confinement dès le 14 novembre. Si les rues sont vides pour l'instant, tous les ingrédients sont réunis pour provoquer un nouveau soulèvement, dès que les circonstances le permettront. En Iran, le constat est quasiment le même. Le massacre et la torture des manifestants lors du soulèvement fin 2019 sont toujours ancrés dans la mémoire collective. En attendant les sanctions des Nations Unies vis-à-vis de ces actes contraires aux Droits de l'Homme, les

Libanais rongent leur frein, subissant de plein fouet la récession ainsi que la crise sanitaire irrésolue. À l'occasion de la date anniversaire du soulèvement, le 19 novembre, des incendies sont déclenchés par quelques rebelles aux entrées de centres de répression à Téhéran, mettant en garde le régime théocratique iranien. Bien que rendue invisible pour l'instant, la colère populaire est toujours bien là, ne demandant qu'à aboutir sur un changement profond de société.

Une explosion des révoltes aujourd'hui et demain

On voit bien que les soulèvements, en réponse à une gouvernance autoritaire de plus en plus marquée partout dans le monde et à une augmentation des injustices, ne font qu'augmenter. Cette recrudescence des révoltes populaires, vue comme une conséquence inévitable à un système à bout de souffle, semble bien être observée partout sur la planète. Car si en France, il n'y avait jamais eu autant de mouvements sociaux que depuis 1958[107], l'explosion sociale est redoutée et/ ou vécue dans de nombreux pays. Alors qu'on aurait pu s'attendre à une accalmie du côté des mouvements de révolte, c'est tout le contraire qui se produit. La gravité de la situation politique et financière en Europe et ailleurs sur Terre dépasse clairement celle de la maladie. Ainsi, sans même se concerter, des voix de tout camp s'élèvent à l'unisson sur le sujet : si pas de changement drastique de la politique, la révolte populaire massive est inévitable.

Le FMI (Fonds Monétaire International) lui-même le prédit au printemps 2020 : dans le magazine Reuters, Vitor Gaspar, directeur du département des Finances publiques appelle les différents chefs d'État à

---

[107] https://www.lepoint.fr/politique/emmanuel-macron-la-tentation-du-retour-au-peuple-10-12-2020-2405187_20.php#11

entreprendre rapidement des mesures d'assistance envers les personnes les plus précaires, car dans le cas contraire, dit-il, « *des troubles pourraient émerger lorsque la crise sanitaire semblera être maîtrisée* »[108]. C'est aussi l'avis du journaliste Jean-Marc Four, qui au même moment, dans son émission de France Inter intitulée *Le Monde à l'Envers*, fait le même constat. Selon lui, pour des questions idéologiques (critique massive de la mondialisation libérale), factuelles (la crise économique est une réalité) et technologiques (si elle n'a pu se faire physiquement durant le confinement, la mobilisation sociale s'est accrue numériquement), « *après la crise, les mouvements sociaux pourraient au contraire redoubler d'intensité* »[109]. Plus récemment, un sondage IFOP réalisé auprès d'un panel de la population a indiqué que 85 % estiment que « *dans les prochains mois, la France peut connaître une explosion sociale* »[110]. Si l'enquête est assez vague, et bien qu'on ne sache pas quelle catégorie d'individus a été interrogée ni si elle est représentative de la population, on peut toutefois noter une certaine expectative à l'insurrection.

Que l'on veuille changer la situation ou non, que l'on fasse partie de ceux qui souhaitent transformer le système ou pas, la majorité des gens pense que la révolte, si ce n'est la révolution, est incontournable. Le tout est de savoir quels seront les éléments déclencheurs.

---

[108] https://www.lindependant.fr/2020/04/15/coronavirus-le-fmi-craint-des-mouvements-sociaux-dans-certains-pays,8848201.php

[109] https://www.radiofrance.fr/franceinter/podcasts/le-monde-a-l-envers/les-mouvements-sociaux-dans-le-monde-ne-resteront-sans-doute-pas-sous-l-eteignoir-3754300

[110] https://www.sudouest.fr/economie/social/une-explosion-sociale-85-des-francais-en-ont-peur-selon-un-sondage-1663538.php

Manifs anti-pass : la grande convergence s'amorce

Nous l'avons vu, la crise pandémique, si elle a drastiquement réduit le nombre de manifestants, n'a pas totalement étouffé les colères. Au contraire : la tension générale planant depuis plusieurs années n'attendait qu'un seul prétexte pour raviver la mobilisation prolibertés. L'instauration du pass sanitaire durant l'été 2021, imposant, sans vraiment l'assumer, la vaccination pour tous contre le Covid-19, est l'un des grands déclics. Pour ou contre le vaccin en tant que tel, c'est avant tout contre les décisions prises unilatéralement, contre le chantage à l'emploi et aux loisirs, que les manifestants se soulèvent dès le mois de juillet. Ce nouveau mouvement permet alors d'observer un phénomène étonnant : l'union de personnes radicalement opposées sur de nombreux points, pourtant rassemblées le temps d'évènements hebdomadaires.

Cette convergence entre Gilets jaunes, électeurs de gauche, personnes de droite, habitants de quartiers populaires et membres de la petite bourgeoisie catholique ne s'est pourtant pas faite sans heurt. Entre les opportunistes qui ont gangrené la lutte pour des intérêts privés (je pense à l'ancien bras droit du Front national Florian Philippot, aux « artistes » en mal de renommée Francis Lalanne et Jean-Marie Bigard, mais aussi aux pseudo-scientifiques propagateurs de fake news, vendant stages, soins alternatifs et autres extracteurs de jus de fruits hors de prix), la division ne tarde pas à semer le trouble dans les rangs. On assiste à des scènes de bagarres et d'insultes entre membres de l'extrême droite et antifascistes, à des attaques sur des stands de vaccination ou encore à des discours de propagande sectaires mêlant satanisme, antisémitisme, complot mondial et ondes magnétiques. Heureusement, même si les grands médias se font, à l'heure où j'écris, une joie de relayer le moindre incident et d'interviewer les plus illuminés, la réalité n'est pas si caricaturale. Sur place, la majorité des pancartes observées promeuvent avant tout une société plus juste et blâment une politique basée sur les menaces et l'injustice. Restaurateurs, employés, précaires, classe moyenne ou supérieure, gérants de lieux de culture, soignants, pharmaciens et citoyens lambda se rassemblent pour exprimer leur ras-le-bol. Après des décennies d'un régime ultralibéral et 4 ans et demi d'un mandat macronien cassant un à un les droits les plus fondamentaux, ce pass sanitaire alliant contrôle de la vie privée, réduction des recettes pour les professionnels et restriction des libertés pour les particuliers, apparaît comme la mesure de trop. Malgré la gravité de la pandémie, cette loi votée à 3 heures du matin dans l'hémicycle, cousue d'incohérences et outrepassant divers articles de la Constitution, s'avère, pour beaucoup, inappropriée. Jamais à la saison estivale, alors que les Français partent en vacances, on n'aura vu autant de monde manifester dans les rues parisiennes, mais aussi en province. Avec les licenciements et démissions prévus dès septembre 2021 dans les hôpitaux en pleine pandémie à cause du pass sanitaire, le début du remboursement des prêts accordés durant le confinement aux restaurateurs, l'arrêt des aides exceptionnelles aux professionnels et la réflexion autour de la réforme du chômage, mais aussi avec le début de la campagne présidentielle, les mois à venir laissent présager une montée en puissance de la révolte populaire déjà bien en place. Et le pass vaccinal ne fera que confirmer cette thèse.

Au même moment, tandis que les talibans ont repris le pouvoir en Afghanistan, que les dernières observations du Giec[111] annoncent un point de non-retour dans le dérèglement climatique et des catastrophes inédites dans les prochaines années, qu'une révolte sociale sans précédent s'observe en Colombie et que les manifestations contre le régime cubain et la pénurie alimentaire reprennent à La Havane, on s'attend à de nouveaux épisodes d'insurrection importants en Europe comme à l'international.

---

[111] https://www.mediapart.fr/journal/international/090821/rapport-du-giec-le-changement-climatique-s-aggrave

Cette accélération générale des mouvements de rébellion à laquelle on assiste sonne comme l'occasion d'une grande convergence. D'autres évènements déclencheurs pourraient bien mettre le feu aux poudres, les braises étant déjà bien chaudes.

Les événements déclencheurs

L'entraide entre les êtres vivants est une notion très proche de la convergence des luttes, au sens où je l'entends. Les études scientifiques sur ce qui déclenche ce phénomène naturel nous aident ainsi à mieux comprendre les origines potentielles d'un mouvement d'union populaire. Voici un parallèle éclairant.

« L'entraide acquiert sa puissance en milieu hostile. Il en découle un avantage compétitif : elle permet de mieux survivre aux menaces »[112].

Plusieurs recherches prouvent en effet qu'en situation de pénurie de nourriture et lorsque les conditions climatiques sont difficiles, par exemple, de nombreuses formes d'entraide inter et intra espèces naissent spontanément. À l'inverse, en situation d'abondance, c'est bien la compétition et l'individualité qui priment : les études de Gordon et Drum en 1994[113] sur la symbiose entre bactéries fixatrices d'azote et le plancton marin (pour produire l'oxygène de la Terre) sont particulièrement parlantes :

« L'association [des deux espèces] *se situe presque exclusivement dans les zones pauvres en azote – montrant l'intérêt qu'il y a à s'aider mutuellement en cas de pénuries de ressources. Plus savoureux encore :*

---

[112] *L'Entraide, l'autre loi de la jungle*, P. Servigne et G. Chapelle, Les Liens qui libèrent, 2019.

[113] « The chemical basis of diatom morphogenesis », *International Review of Cytology*, n°150, p. 243-372, Gordon R. et Drum R.W.

lorsque l'abondance revient, les hôtes se débarrassent de leur symbionte ! Lorsqu'on vit en abondance, l'aide des autres ne semble plus nécessaire... »[114].

En situation de crise, les êtres vivants sont donc plus enclins à s'entraider. Intéressant.

L'entraide n'est autre qu'une forme de convergence : ce comportement *« d'aide mutuelle »*, selon Le Robert, consiste en effet à faire fi de tous les désaccords, de toutes les appartenances et cause de discrimination, de tous les aprioris et jugements, pour converger vers un but commun : la survie. Vivre – ou en tout cas ne pas mourir – étant le moteur de toute existence sur Terre, on est en droit d'affirmer que la première cause possible de convergence est liée à cet objectif à la fois basique et intemporel. Si l'on se base sur les études citées précédemment, la convergence naît d'une situation difficile, tant sur le plan des richesses que de l'approvisionnement en nourriture ou du climat. Avec une crise économique, écologique et sanitaire, les années 2020 constituent ainsi, en toute logique, le terreau d'une entraide humaine de grande ampleur. Et donc a fortiori, d'une convergence massive des luttes et des idées, pour la survie de l'humanité. Car en cas de crise politique et sociale, c'est bien cette question de survie qui est au cœur de toutes les pensées.

Covid-19 : un accélérateur de mouvement

Face aux incohérences gouvernementales, aux lois liberticides passées en pleine crise sanitaire, aux discours présomptueux des politiques, aux multiples mensonges des dirigeants, aux décisions suspectes des ministres et présidents et aux nombreux cafouillages politiques sur fond

---

[114] *L'Entraide, l'autre loi de la jungle*, P. Servigne et G. Chapelle, Les Liens qui libèrent, 2019.

de financements aux grandes entreprises[115], il peut s'avérer difficile d'accorder de l'importance à l'épidémie du Covid-19 en termes de gravité.

Et ce sentiment se comprend parfaitement : les conséquences collatérales de la pandémie, à savoir la hausse de la pauvreté et de la dépression, l'absence d'échanges sociaux liés à l'isolement, les faillites des petits commerçants, la montée de l'autoritarisme et de la surveillance et la hausse du chômage semblent dépasser de loin le seul drame des morts liés directement à la maladie. Alors même que ce constat se vérifie de jour en jour, et, selon de nombreux économistes, se constatera davantage lorsque les petits patrons devront rembourser leurs prêts garantis par l'État octroyés durant le premier confinement[116], les seuls chiffres liés à la maladie elle-même constituent un évènement sanitaire majeur qui pourrait représenter l'un des évènements déclencheurs à une convergence. Je veux dire par là que même en mettant de côté tout le cataclysme sociétal que la pandémie a engendré du fait des décisions gouvernementales et de la gestion de la crise, l'épidémie connue dès 2020 est à elle seule un sujet suffisamment grave pour former le point de départ d'un mouvement d'union massif. Même si cette crise avait été gérée correctement par les dirigeants politiques, le Covid-19, dans le simple fait de son existence, représenterait sans doute une période propice à la solidarité, à la fraternité et à cette volonté de se serrer les coudes pour mieux survivre. En effet, malgré les informations contradictoires, on a pu constater, notamment lors de la deuxième vague

---

[115] Lire à ce sujet mon ouvrage co-écrit avec Hermy Bout intitulé *Perles de Confinement*, BoD, 2020. Ce recueil rassemble quelques-unes des citations les plus marquantes du premier confinement français, de mars à mai 2020.

[116] David Cayla explique comment au lieu d'aider les chefs d'entreprise, le dispositif PGE va mettre en faillite tout un pan des acteurs de l'économie réelle, qu'il s'agisse des commerçants, de leurs fournisseurs et de tous les autres secteurs d'activité, par un effet domino : voir à ce sujet son thread Twitter https://x.com/dav_cayla/status/1325088711147741187 et ma vidéo de synthèse https://youtu.be/ocGWmPB196Q?si=IJU3D3T2qaxllec7.

en septembre 2020, l'apparition d'une courbe exponentielle quant au nombre de cas contaminés par le virus[117]. Souvenez-vous : cette même exponentialité était observée précédemment sur les questions de surpopulation, de catastrophes climatiques ou même de mouvements sociaux. Après moins d'un an d'épidémie, la France comptait 70 000 morts dus au Covid-19[118], ce qui, même si on est loin de la grippe espagnole (400 000 morts en France[119]), représente, seulement pour ceux qui ont eu lieu à l'hôpital, près de six fois le nombre de décès dus à la grippe à la saison 2018-2019[120]. Et on ne parle là que des décès, mais on sait maintenant que certaines personnes gardent des séquelles du coronavirus sur de plus ou moins longues périodes, telles que la perte du goût et de l'odorat et des troubles respiratoires, notamment. On retrouve bien le climat hostile sur lequel, biologiquement parlant, se fonde l'entraide.

Outre l'aspect purement sanitaire que l'on aurait pu étudier seul dans un monde idéal, la pandémie du coronavirus a entraîné de nombreuses conséquences dévastatrices et en particulier sur les plans économiques et psychologiques de la société en France comme dans le reste du monde. Les associations de solidarité aux personnes précaires n'ont jamais été autant saturées de demandes de repas ou d'abris. Quant aux psychiatres, ils ont été nombreux à alerter l'opinion sur la vague de dépression que l'isolement et la perte d'emploi ont créée. Face aux situations de plus en

---

[117] https://www.ouest-france.fr/sante/virus/coronavirus/covid-19-pourquoi-la-progression-de-l-epidemie-est-elle-exponentielle-6964023

[118] https://www.santepubliquefrance.fr/maladies-et-traumatismes/maladies-et-infections-respiratoires/grippe/documents/article/surveillance-de-la-grippe-en-france-saison-2018-2019

[119] https://francearchives.gouv.fr/fr/commemo/recueil-2018/82611687#:~:%20text=Le%20virus%20est%20arriv%C3%A9%20aux,de%20la%20Premi%C3%A8re%20Guerre%20mondiale.

[120] https://www.santepubliquefrance.fr/maladies-et-traumatismes/maladies-et-infections-respiratoires/grippe/documents/article/surveillance-de-la-grippe-en-france-saison-2018-2019

plus fragiles des travailleurs saisonniers, des étudiants et autres petits commerçants, restaurateurs et agriculteurs, sans parler des artistes, les suicides et grèves de la faim ont connu une hausse sans précédent. À ce sujet, j'ai eu l'occasion d'interviewer Axelle Richardson, travailleuse saisonnière à Lourdes en novembre 2020[121], qui avait arrêté de s'alimenter pour alerter les autorités sur la situation dramatique de son secteur, laissé à l'abandon sans travail ni aide depuis près d'un an. À cette époque, ils étaient 94 personnes à avoir entamé une grève de la faim, de même que Pierre Larrouturou[122], député européen : une action vivement médiatisée – par le biais des journalistes indépendants uniquement – et relayée sur les réseaux sociaux.

Seul moment de trêve durant la pandémie : le premier confinement. Durant cette période, et face à une phase de décroissance forcée et à une interdiction de circuler sauf cas de force majeure, on a pu observer partout dans le monde une forme de renaissance quasi magique du côté des animaux et de la végétation. En seulement deux mois, la nature a pu reprendre ses droits, du moins temporairement, faisant réapparaître des espèces animales généralement discrètes à des endroits incongrus, de même que des coquelicots et autres fleurs sauvages dans des champs d'habitude désherbés à la feuille près[123]. Alors, si les particules fines dans l'atmosphère ont vite repris leur taux habituel dès la reprise des activités humaines et si les chasseurs ont obtenu des dérogations, cet épisode a toutefois montré que la nature pouvait se relever plus vite que ce qu'on aurait pu l'imaginer, ce qui n'est pas forcément le cas du genre humain, sauf s'il arrive à s'adapter à son environnement. Aussi bref a-t-il été, cet épisode de paix aura au moins permis de regarder la nature différemment et d'en apprécier sa beauté délestée du bruit et de la

---

[121] https://www.youtube.com/watch?v=dpj3jaPRTpc

[122] Dans le cadre du vote du budget de l'Union européenne, Pierre Larrouturou a entamé une grève de la faim de 18 jours pour demander une taxe sur la spéculation afin de financer le Green New Deal, programme écologique à l'échelle européenne.

[123] https://www.letemps.ch/sciences/coronavirus-nature

pollution humaine. Mais cette brèche de lumière s'est malheureusement noyée dans un brouillard de mauvaises nouvelles. En plus de l'étape des 10 millions de pauvres en France, franchie durant cette première année de pandémie[124], on a pu par exemple noter une vague de détresse chez les étudiants[125], de même que chez les personnes âgées[126], du fait de la solitude et de l'isolement. Face à la pénurie des lits d'hôpitaux, déjà initiée sous les prédécesseurs d'Emmanuel Macron, le covid a, de fait, accentué la crise déjà présente dans les établissements de santé. Surcharge de travail, fatigue, sous-effectifs, horaires décalés, manque de moyens : les soignants ont vécu la période comme une accélération et une explosion des problèmes déjà présents.

D'une manière générale, d'ailleurs, que ce soit sur le plan de l'économie, de l'écart entre les riches et les pauvres, de l'exploitation au travail, des conséquences de la privatisation et du libéralisme ou encore des violences domestiques, notamment, on peut dire que la pandémie a constitué un accélérateur des mouvements déjà en place. Toutes les courbes, quelles qu'elles soient, sous l'effet covid, ont passé la vitesse supérieure vers la direction qu'elles prenaient déjà. Dans tous les domaines, chaque voie, bien que toute tracée, s'est vue précipitée par cet évènement mondial. Tout ce qui semblait voué à l'échec s'y est davantage engagé. Tout ce qui se dessinait vaguement s'est clairement révélé. Les causes du malheur humain sont ainsi apparues au grand jour. Comme un sérum de vérité, le virus a mis en lumière ce qui tournait mal, dans l'ombre. Le coronavirus a fait apparaître un autre mal, celui de la

---

[124] https://www.lunion.fr/id206290/article/2020-11-12/la-france-va-compter-10-millions-de-pauvres-en-2020-selon-le-secours-catholique

[125] Un étudiant sur dix affirme avoir eu des pensées suicidaires dans les douze derniers mois selon une étude du CNR2 en 2020 (https://www.lequotidiendumedecin.fr/actu-medicale/recherche-science/covid-19-le-confinement-pas-anodin-pour-la-sante-mentale-des-etudiants).

[126] « L'isolement augmente le risque de démence chez les personnes âgées » (https://theconversation.com/lisolement-augmente-le-risque-de-demence-chez-les-personnes-agees-143944).

politique menée depuis des siècles et plus particulièrement depuis ces dernières décennies. La pandémie a, semble-t-il, provoqué d'autres contagions et parmi elles quelques prises de conscience.

Qu'il s'avère être le déclencheur d'une convergence massive à venir ou d'une entraide généralisée en vue d'un changement profond de société, le covid joue un rôle fondamental et paradoxal dans le rapprochement humain.

Si l'on en croit le passé, on peut en tout cas affirmer la chose suivante : un évènement sanitaire ne constitue en rien un obstacle à la révolte populaire. En 1832, malgré une pandémie de choléra qui sévit dans le monde entier depuis 1829 et qui tue depuis deux mois sur le territoire français, les Parisiens s'insurgent contre le gouvernement libéral et sa politique liberticide et injuste[127]. Ce n'est pas le premier signe de résistance. En 1831 déjà, les ouvriers décident de prendre le contrôle de la ville de Lyon en réponse aux libertés sans limite données aux industriels, au détriment des petits commerçants. La liberté de la presse est gravement menacée et les mesures de répression mises en place par Casimir Perier, banquier et chef du gouvernement, dépassent celles de certains rois de France. Tandis que le choléra « apaise » le vent de colère populaire, ce même Casimir Perier décide de s'appuyer sur les recommandations de l'Académie de Médecine, persuadée de la non-contagiosité de la maladie. C'est donc sans aucune crainte qu'il se rend à l'Hôtel-Dieu pour une visite aux victimes du choléra. Dès le lendemain, il tombe malade et décède au mois de mai. Au mois de juin, c'est le général Lamarque qui meurt. Alors que les royalistes organisent un hommage à cette figure du mouvement républicain, le peuple y voit là une tentative de récupération politique[128] et profite du rassemblement du 5 juin pour mener une insurrection massive. Il suffit alors d'un seul évènement pour

---

[127] https://www.mediapart.fr/journal/france/201120/l-insurrection-en-temps-de-pandemie-l-exemple-de-1832

[128] https://fr.wikipedia.org/wiki/Jean_Maximilien_Lamarque sur sa fin de vie.

rallumer l'étincelle éteinte sous la menace épidémique et pour réveiller la colère et la fraternité des révolutionnaires. Car la crise sanitaire a révélé une politique inégalitaire et autoritaire menée depuis bien longtemps.

Quid des mesures liberticides ?

Parmi les nombreuses conséquences du covid, qui potentiellement pourraient faire partie des déclencheurs d'un tel mouvement d'unité, les mesures restrictives de liberté mises en place par le gouvernement durant la pandémie se placent certainement en haut du classement des causes possibles. En effet, il est clair que si la maladie est bien réelle, celle-ci a permis aux dirigeants de faire passer des lois plus autoritaires qu'auparavant via l'état d'urgence sanitaire. Là encore, c'est une accélération des courants déjà existants puisque la politique macronienne s'orientait déjà sur une pente glissante vers le despotisme et l'autoritarisme. Mais avec le covid, c'est une vraie piste noire vers le retrait de nombreux droits rudement gagnés et une destruction des libertés individuelles. Ainsi, depuis le début de l'épidémie, on a vu se succéder la loi Sécurité Globale (engendrant une réduction des libertés d'informer et une augmentation des droits des forces de l'ordre en matière de répression), la loi Séparatisme (texte directement dirigé contre la communauté musulmane de France et réduisant dans le même temps les droits des associations) ou encore la loi sur la Programmation de la Recherche (précarisation du personnel et privatisation de la recherche). Cette liste n'est pas exhaustive : on se souvient également des trois décrets élargissant les possibilités de fichage des personnes par les forces de l'ordre en ce qui concerne les convictions politiques et religieuses, notamment. Sans même parler de lois, les mesures directement liées à la pandémie telles que l'instauration d'attestations pour pouvoir circuler sans contravention, de confinements et de couvre-feux impactent également les libertés individuelles. Quant au pass sanitaire et l'instauration d'un contrôle du QR code à l'entrée de divers lieux accueillant du public, durci en pass vaccinal, il pourrait bien demeurer après la crise. On pourrait tout à fait imaginer, en 2030, devoir automatiquement présenter son bilan de vaccination et d'immunité avant d'être embauché ou d'aller manger au restaurant.

Il est vrai que j'ai ressenti un étrange sentiment à l'idée de devoir rédiger un papier m'autorisant moi-même à promener mon chien pendant 5 minutes. Idem pour le port du masque : même s'il est question de protéger la population contre la circulation du virus, devoir se cacher la bouche sans savoir si cette mesure prendra fin un jour est plutôt déconcertant. Et encore, si le port du masque était le seul indice d'une société autoritaire, alors je veux bien vivre en dictature. Mais les ordres du gouvernement ont imposé la fermeture des restaurants, des petits commerces jugés « non essentiels » ou encore des théâtres, cinémas et musées. Des rayons ont également été fermés dans les supermarchés. Ainsi, à cette occasion, j'ai pu voir passer des images assez délirantes sur les réseaux sociaux. Par exemple, je me souviens d'une photo prise dans une grande surface d'un panneau indiquant : « *les livres sont interdits à la vente, sauf les coloriages* ». On a pu aussi entendre des « recommandations » édifiantes en termes d'autoritarisme : il a été question de se taire dans le métro, de ne pas fumer dans la rue ou encore de ne pas manger dans le train. Sous couvert de sécurité sanitaire, la population a été prête à accepter à peu près tout et n'importe quoi. Les libertés d'informer, de circuler, de se cultiver, de voir des proches ou encore d'aller rendre visite à un parent mourant ont été bafouées. Certaines lois, votées ou imposées durant la pandémie, seront toujours appliquées après la crise. Certaines entrent en conflit avec des droits listés dans la Constitution ou les Droits de l'Homme.

Toutes ces démarches précipitées ayant pour objectif ou pour conséquences indirectes de mordre sur les libertés et les droits acquis par nos aïeux, bien qu'acceptées par une partie de la population du fait du contexte sanitaire exceptionnel, n'ont pas manqué de réveiller la colère déjà bien présente dans la classe populaire. Mais pas seulement : la classe dite « moyenne » est également touchée par la crise et lorsque les secteurs ne sont pas artificiellement épargnés grâce à des prêts garantis par l'État, ils expriment également leur indignation. Bientôt, de nombreux économistes l'affirment, tous les corps de métier ou presque seront touchés : lorsqu'il faudra rembourser les premières échéances de ces crédits exceptionnels, lorsque les loyers ne pourront plus être payés du fait de l'absence de chiffre d'affaires, lorsque les fournisseurs en auront assez de ne plus recevoir le paiement de leurs clients, alors la crise économique risque d'atteindre son paroxysme. Tel un domino, chaque pièce de la machine économique pourrait bien s'effondrer. Ainsi, le climat de division maintenu par les politiques lors de leurs distributions d'aides par secteur pourrait laisser place à un vent d'union. L'union sur un socle commun : l'absence de libertés, que ce soit du fait de la législation, des mesures sanitaires ou de la situation économique.

Crise économique

10 millions de pauvres en 2020, c'est ce qu'annonce le Secours Populaire pour la France dès le mois de novembre de cette année-là. Ce chiffre, qui représente plus de 1 Français sur 7, n'augmente pas seulement du fait de la croissance démographique, mais bien à cause de la crise du covid. En effet, l'absence de revenus de certains corps de métiers (saisonniers, artistes, petits commerçants, restaurateurs) entraîne une baisse du pouvoir d'achat. Là encore, l'effet coronavirus a le chic pour accélérer les mécanismes qui étaient déjà en place. Jamais on n'a vu autant de personnes réclamer des repas aux Restos du Cœur. Dans les universités, la crise est similaire. Les étudiants, déjà victimes de la

politique de privatisation lente des universités, sont bien souvent endettés avant même d'avoir eu le temps de travailler. La pandémie et les mesures politiques qui en découlent – fermeture des universités et restriction des possibilités de circuler en temps de confinement, mais également aux horaires de couvre-feux – précipitent et accroissent le sentiment de détresse des universitaires.

Ceux-ci manquent non seulement d'argent, mais également de vie sociale. Pour ceux qui n'ont pas la chance d'aller vivre chez leurs parents le temps de la crise, ils sont condamnés à échanger uniquement via un écran toute la journée. Le soir venu, il n'est alors pas possible de faire de petits boulots : quand ce n'est pas le couvre-feu qui les en empêche, c'est la fermeture des seules entreprises qui proposent des contrats courts. Devenus précaires, nombre d'étudiants se voient obligés de faire la queue pour réclamer des produits de première nécessité à des associations[129]. Ces files d'attente exposées par des médias indépendants en vidéo et les cas de suicides d'étudiants intervenus fin 2020 créent une pression vis-à-vis des dirigeants qui finissent par annoncer quelques mesures. Mais ces miettes ne suffiront pas à étouffer cette crise économique. D'autant que celle-ci n'est pas la seule affaire des étudiants, elle touche quasiment toutes les couches sociales. Dans certains cas, les aides de l'État permettent d'étouffer la catastrophe ou du moins la repousser. Car lorsque les théâtres rouvrent avec les mesures de distanciations et de vaccination obligatoire, le public n'est pas aussi massif qu'avant. Les pertes risquent d'être importantes. La crise financière, annoncée depuis déjà quelques décennies par nombre d'économistes – le capitalisme à outrance étant voué à l'échec –, semble se rapprocher de plus en plus, touchant tout le monde, sauf les familles les plus aisées. Autant dire les 99 % de la population. Un sacré point d'entente potentiel.

---

[129] https://www.brut.media/fr/videos/france/societe/aide-alimentaire-une-file-d-attente-interminable-d-etudiants-a-paris

Si l'on en croit le philosophe André Comte-Sponville, « *une plus grande solidarité peut émerger de cette crise, un rappel de notre fragilité commune, davantage de vigilance et de coopération internationale.* »[130]. Mais lorsque le journal La Croix lui demande si on peut s'attendre à moins de division, sa réponse est plus mitigée : « *ne comptez pas sur le coronavirus pour obtenir ce que les Évangiles, depuis 20 siècles, n'ont pas réussi à faire : supprimer l'égoïsme, la violence, la haine* ». Il faudra donc mettre de côté cette haine ou bien la rediriger vers un « *ennemi commun* » pour rester solidaire face à la pauvreté.

En lisant l'article de *The Conversation* sur le comportement des Européens face à la crise économique engendrée par le coronavirus, l'exemple de la crise de 2008 donne des conclusions plutôt nuancées. Si on a pu observer des actes d'entraide dans certains milieux à cette époque, on a également pu voir un certain repli sur soi dans une autre partie de la population européenne, en particulier en Europe de l'Ouest, où « *la montée de l'individualisation a débuté dans les années 1960* »[131].

Ainsi, d'un côté on se rend compte de l'apparition de phénomènes de solidarité lors de manque de ressources et d'un autre côté, le système capitaliste dans lequel nous vivons et qui génère justement cette crise économique provoque également cette tendance à l'individualisme. Toutefois, en ce moment décisif où la précarité dépasse celle de 2008, le cycle perpétuel pourrait bien être rompu par un vent de fraternité. Nous sommes allés bien trop loin dans l'excès, et ce, sur tous les plans.

Catastrophes écologiques

---

[130] https://www.la-croix.com/France/Andre-Comte-Sponville-grande-solidarite-peut-emerger-cette-crise-2020-08-24-1201110443

[131] https://theconversation.com/avec-le-coronavirus-des-europeens-plus-solidaires-ou-plus-individualistes-136285

Je suis persuadée qu'un évènement climatique de grande intensité aura pour effet une certaine forme de connexion, voire d'entraide. Comment penser l'inverse ? Cette image d'égoïsme primaire exacerbé lors de catastrophes, illustrée par exemple dans le film Titanic où un homme préfère prendre le premier canot de sauvetage plutôt que de laisser sa place à plus faible que lui, n'est autre qu'un mythe. Cela a été maintes fois démontré lors d'attentats ou même d'inondations. Dans son livre La Bonté Humaine, Jacques Lecomte donne un exemple particulièrement parlant, celui de l'ouragan Katrina, survenu en 2005 à La Nouvelle Orléans aux États-Unis. Avec près de 2 000 victimes et de nombreuses maisons sous les eaux, cet épisode climatique est l'un des plus dévastateurs qu'ait connu le continent nord-américain. Mais au lieu d'un chaos, c'est bien une véritable organisation de solidarité qui est née. Bien loin du tumulte décrit par les médias, bien loin de l'image de foutoir généralisé imaginé dans ce genre de situation dans les scénarios catastrophes des grands films apocalyptiques, *« des centaines de petits groupes ont spontanément émergé »*[132] afin d'assurer le ravitaillement ou encore la mise à l'abri des personnes. Les rumeurs de crimes et de viols relayées par certains journalistes à cette occasion se sont révélées fausses. Face à l'horreur d'un évènement ravageur tel qu'un ouragan, c'est bien l'altruisme qui semble prédominer sur l'égoïsme.

Si « entraide » ne signifie pas « convergence des luttes », elle reste tout de même une forme d'union, celle des forces pour assurer la survie d'un groupe. Après 2020, plus encore qu'en 2005, les évènements écologiques de ce type sont voués à se répéter et à rythmer nos quotidiens, à commencer par les zoonoses. On peut donc imaginer qu'une certaine forme d'entraide devienne également la norme. Mais alors que le changement climatique fait désormais partie de notre présent et que les catastrophes qui s'annoncent risquent bien de surpasser la crise économique ou sanitaire, car un ouragan touche autant les populations

---

[132] *La Bonté humaine : Altruisme, empathie, générosité*, Jacques Lecomte, Odile Jacob, 2012.

pauvres que riches, n'est-il pas trop tard pour imaginer une alliance ? Si je ferme les yeux et que j'imagine ce futur proche rythmé d'inondations et d'incendies dévastant régulièrement habitations et villages et provoquant par vagues successives de grands mouvements migratoires sur l'ensemble de la planète, il est vrai que la question de la convergence des luttes me semble alors bien hors sujet. Pourtant, ce moment devrait coïncider, plus que jamais, avec l'opportunité de changer de système en profondeur.

L'instant le plus dangereux de l'histoire, selon Chomsky

Selon le linguiste et célèbre activiste politique Noam Chomsky, nous vivons actuellement l'instant le plus dangereux de l'histoire, et ce, sur tous les plans. Démocratie, réchauffement climatique, guerre nucléaire, montée de l'autoritarisme : tout est sur le point de passer un cap, si ce n'est pas déjà fait. Si bien que malgré le nombre de crises et de guerres qu'a connu l'humanité depuis son existence, jamais elle n'a eu à subir une menace si importante pour sa propre survie, du fait de l'addition des dangers auxquels nous devons faire face.

« *Nous sommes à une confluence étonnante de crises très graves* », dit-il. Nous nous situerions donc, de fait, sur un point de convergence à exploiter. C'est bien notre faculté à rebondir et à saisir cette conjoncture que nous « offre » la situation, aussi rare soit-elle, qui fera la différence. Car selon le professeur américain, c'est une question de vie ou de mort : il est question d'extinction de l'humanité.

L'élément déclencheur qui m'intéresse, celui qui fera basculer les choses et regrouper les foules, pourrait être cette confluence des crises que nous subissons actuellement. Si tel est le cas, les effets devraient bientôt pouvoir se ressentir... Une question d'années, de mois peut-être.

CONVERGENCE DES IDÉES : DU RAISONNEMENT À LA COMMUNICATION

« Plus il y a de cerveaux, plus il y a de bonnes idées ». C'est mathématique, logique et ça se vérifie. Dans l'art, dans les actions associatives, en politique et dans tous les projets collaboratifs, s'entourer de plusieurs personnes pour mener à bien un ouvrage est monnaie courante. Même les projets individuels se nourrissent, volontairement ou pas, directement ou non, de rencontres, de discussions et d'échanges. L'inverse montre également ses limites. En effet, tous ceux qui se sont entêtés à ne se suffire qu'à eux-mêmes pour établir des plans ou réaliser des projets l'ont payé cher. On a pu le constater avec la crise du Covid-19 : les décisions gouvernementales en France (confinement, couvre-feu, déconfinement) ont quasiment toutes été prises par un seul homme : Emmanuel Macron. En dépit des conseils de scientifiques, le président de la République n'en a fait qu'à sa tête, préférant annoncer lui-même des mesures sans prévenir personne. Ces actions effectuées unilatéralement

ont mené à des cafouillages et à des incohérences de taille, car elles n'avaient pas été décidées en prenant compte de la réalité du terrain. Les ministres, en bons petits toutous, ont tout fait pour défendre la parole sainte, mais sans avoir pu avoir le temps de se préparer correctement, se sont couverts de ridicule, ce qui n'a servi ni au bien commun en termes d'efficacité sanitaire, ni à la popularité du président. C'est donc un double échec que ce choix de la gouvernance en solo.

La convergence des idées, c'est la seconde étape du travail d'équipe après la première phase de discussions. Bien que peu nommée, cette méthode est pourtant utilisée par nombre de groupes, associations et entreprises pour prendre des décisions. Prenez une équipe de réalisation au cinéma en plein tournage, une assemblée municipale souhaitant organiser un marché artisanal, un groupe de copains choisissant une activité commune : quel que soit le type de groupe de personnes, peu importe l'envergure du projet, il est toujours question de faire des choix et de trouver un terrain d'entente. Le compromis est une forme de convergence. Il s'agit, après l'écoute des propositions de chacun, d'éliminer certaines pistes trop divergentes pour tomber d'accord sur une solution qui rassemble un maximum d'approbations. Une sorte de juste milieu qui permet de convaincre la majorité. Et lorsque cette conclusion n'est pas obtenue d'un commun accord, cela crée des tensions. Préparation d'un anniversaire, mission professionnelle, séjour en famille : nous connaissons tous des exemples d'échecs suite à des prises de décisions centralisées au détriment du groupe.

Et si la concertation permet l'organisation d'évènements et la réalisation de projets, elle peut être utilisée dans tous les domaines, y compris en entreprise. L'association genevoise Innovecteur présente clairement la convergence comme une étape indispensable à la créativité. Selon un article de blog à ce sujet sur son site internet[133], la convergence suit la phase d'émergence d'idées et consiste à se

---

[133] https://innovecteur.com/2018/05/10/convergence-creativite/

concentrer sur les objectifs sans pour autant éliminer les suggestions mises de côté. Celles-ci permettent de rebondir et de forger une opinion plus précise. Diverses astuces sont suggérées par l'association pour converger sur une idée, telles que l'utilisation de couleurs pour classer les propositions d'un groupe ou encore « le pitch », un discours de présentation de chaque suggestion par les membres permettant de déceler clairement les avantages et inconvénients des différentes propositions.

Outre la prise de décision, la convergence des idées permet également de clore un débat ou du moins de transiter de la discussion vers un accord. Car si le débat est intéressant par les différences de points de vue des participants, il est d'autant plus enrichissant lorsque cet échange mène soit vers un changement de position de l'une des deux parties, soit vers la naissance d'un troisième discours dans lequel les deux camps peuvent se reconnaître. Or à l'heure des réseaux sociaux et des plateaux de télévision où le buzz prime sur la qualité des échanges, il est rare de participer ou même d'assister à des discussions constructives. La tendance est davantage au spectacle qu'au dialogue. Depuis de nombreuses années, nous avons nous-mêmes été mal éduqués au débat et ne savons plus parler sans juger ni cliver. Facebook et Twitter sont davantage un défouloir, un bar PMU, qu'une assemblée. Les biais cognitifs, ces pièges tendus par notre propre cerveau, notre esprit binaire et notre manque d'écoute font partie des obstacles à notre faculté de s'unir sur des idées communes. Toutefois, même si nous participons activement, sans le vouloir, à notre propre échec de cohésion, nous ne sommes pas aidés. De tout temps, les politiques menées ont visé à instaurer cette frontière entre les personnes, érigeant des murs entre les différents courants de pensée, les idéologies, les opinions. Ainsi, les « débats d'idées » auxquels nous assistons la plupart du temps ressemblent plus à des combats de coqs sans aucune possibilité d'entente, plutôt qu'à des dialogues construits et pacifistes. Il est davantage question d'imposer son point de vue comme une réalité supérieure que de présenter son avis modestement. D'une façon générale, la prétention et la condescendance ruinent les discussions du XXIe siècle, sur internet, dans la rue, en famille ou même en politique. C'est à celui qui réussira à « casser » l'autre publiquement et à lui faire « fermer sa gueule », plutôt qu'à celui qui apportera une pierre à l'édifice de la quête de vérité. Comme s'il n'était pas question de chercher le vrai ou même une solution, mais à dominer un opposant. Tous ces combats oratoires futiles participent à notre propre perte. Pendant que l'on passe du temps à humilier l'autre et à tourner sa pensée en ridicule, on se détourne des véritables fauteurs de troubles et des problèmes principaux. Tandis que l'on dépense notre énergie à tenter de détruire un « adversaire » ou à l'insulter, alors qu'on le traite de moins que rien parce qu'il ne pense pas comme soi, on gâche toute possibilité de s'unir et, surtout, on s'éloigne des sujets de convergence. L'ennemi commun a de beaux jours devant lui. Quant à l'issue conjointe, elle reste à distance, rendue inatteignable par les guerres d'égo internes.

Pensée binaire vs pensée nuancée

Depuis toujours, mais davantage ces dernières années, à mesure que la politique vise à diviser pour toujours mieux régner, j'ai pu observer une conséquence désastreuse dans le débat d'idées. Lors des repas de famille comme sur les réseaux sociaux, l'art n'est plus à l'échange bienveillant et conciliant, mais bien à la bataille oratoire et surtout à la sectorisation des idéologies. Ainsi, on a de plus en plus tendance (et je m'inclus bien volontiers dans ce « on ») à enfermer l'interlocuteur dans une case verrouillée et à se cloisonner soi-même dans un entre-soi dont on a du mal à sortir. Lors d'une discussion, on se met en mode « défensif » et notre cerveau se transforme en radar pour détecter le moindre indice pour définir une conclusion hâtive. Ainsi, si l'on manifeste contre des mesures gouvernementales pendant le covid, on est automatiquement classé dans la case « complotiste », « beauf » ou même « pro-contamination ». Si l'on ose s'opposer à un défenseur de Raoult[134], on est forcément biberonné à BFM TV ou bien on est macroniste, au choix. En tant que végan ou si l'on s'oppose à la chasse, on est immédiatement étiqueté de bobo qui ne connaît rien de la nature. En bref, nous vivons une époque formidable de raccourcis, interférant de fait dans l'intérêt même du débat. Il n'est plus question d'écouter ni d'argumenter. Quelques critères suffisent à compartimenter les personnes dans des cellules bien étanches. Et à mesure que les frontières s'érigent entre les différents courants de pensée, à force de bâtir des murs entre les idées et leurs défenseurs, on s'isole soi-même du reste du monde et l'on devient aveugle à tout ce qui pourrait remettre en question ne serait-ce qu'un millième de son opinion. Ces carcans dans lesquels on se cadenasse soi-même, bien aidé par les discours politiques et les amalgames présentés par les médias dominants, cloisonnent aussi le reste du monde. La pensée devient binaire. C'est tout noir ou tout blanc. Le gris n'existe pas. Il n'est même pas imaginable. C'est ainsi que sur les plateaux de télévision, sur les sujets les plus sensibles tels que la violence supposée envers un dirigeant, par exemple, on n'a de cesse d'entendre la fameuse question : « vous condamnez les propos d'untel, oui ou non ? ». Et si alors la personne interviewée a le malheur d'ajouter un « mais » au « oui » obligatoire, elle est immédiatement rangée au banc des semeurs de haine, confusionnistes et autres islamogauchistes.

---

[134] Didier Raoult, directeur de l'IHU de Marseille, qui a affirmé utiliser un remède efficace contre le covid, l'hydroxychloroquine, et qui a fait grand bruit, en particulier au début de la pandémie, provoquant de nombreuses controverses. Ce médecin a été rapidement érigé en « héros » de la part des militants antisystèmes, voyant en lui un symbole de la liberté face aux lobbies pharmaceutiques. Or, bien des études ont démontré non seulement la non-efficacité du médicament, mais aussi divers intérêts financiers chez le « camp » Raoult, y compris par Sanofi, qui finance l'hôpital privé marseillais de ce cher monsieur.

La première fois que j'ai réellement ouvert les yeux sur cette réalité, c'est lorsque j'en ai fait les frais.

Je suis la fille de Jacky Sigaux, comédien, frère de Sotha, l'une des fondatrices du théâtre parisien Café de la Gare, auteur aux pensées anarchistes, féru de Cocteau et de permaculture, ami des regrettés Coluche et Romain Bouteille. Mon père fait partie de ceux qui m'ont permis de forger une culture tournée vers le respect du vivant et des êtres humains. C'est lui qui m'a, le premier, convaincue de l'horreur que représentaient le FN et la droite en général et de la nécessité de construire un monde plus altruiste. C'est lui encore qui m'a encouragée à promouvoir l'écologie ou encore à combattre l'autoritarisme. Face à ce tableau, rien ne me laissait présager un jour de devoir prouver le non-fascisme de mon père. Rien ne me laissait penser qu'un jour, je devrais justifier de sa – et donc de ma – non-appartenance à l'extrême droite. Et pourtant, parce que ce même père, après avoir travaillé auprès d'Élie et Dieudonné en tant que régisseur son et lumière il y a de cela près de trente ans, a accepté de continuer sa mission bien après la bascule antisémite et complotiste de Dieudonné, j'en paie aujourd'hui les frais, et ce, à vie. Oui, car mon père a quitté son travail, celui qui lui permettait de payer les factures, il y a seulement trois ans. Si mon père a tardé à partir, c'est justement parce qu'il lui était impossible de trouver un autre travail, du fait de sa « collaboration » avec celui qui incarne le mal. J'aurais aimé qu'il n'accepte pas de monter sur scène ni de participer à des mises en scène antisémites. J'aurais aimé qu'il quitte le navire plus vite. Mais ce cercle vicieux a duré longtemps. Et malgré ses déclarations publiques montrant à quel point il ne partage en aucun cas les opinions de son employeur, mon père, toujours plus anar, pacifiste et antiraciste au fil des années, si seulement cela est possible, n'a jamais été écouté. On lui a refusé des théâtres pour ses spectacles qui traitaient pourtant non pas de juifs, mais d'orties sauvages et de John Lennon. Après plusieurs cassages de gueule en règle par des ultras de la LDJ en pleine rue, mon père a finalement passé le cap de la démission, quitte pour cela à galérer financièrement. Mais là n'est que l'histoire de mon père qui, même si elle avait été différente, n'engage que lui et devrait encore moins me cataloguer comme fasciste.

Et pourtant, voilà qu'en 2019, alors que je suis porte-parole d'un collectif animaliste en Haute-Loire et que je milite auprès des Gilets jaunes, ma filiation est utilisée comme prétexte par mes adversaires pour me combattre. Pire encore : outre les chasseurs de ma région qui me harcèlent et m'insultent du fait de mes actions contre leur pratique, ce sont des personnes censées être du même bord que moi qui tentent alors de me détruire. À cette époque, je suis chroniqueuse bénévole pour Le Monde Libertaire et le comité rédactionnel du journal me contacte. *« On est un peu embêté au CRML. Tu ne dois pas être sans savoir que depuis hier plusieurs posts te visant ont été publiés. [...] Dieudonné a tenu des propos qui ne sont pas du tout compatibles avec l'anarchisme, je ne veux pas te faire l'injure de te l'apprendre. Bref, comment fait-on sur ce point ? [...] Une réponse de ta part nous aiderait à clarifier toute cette situation ».*

Je suis donc amenée à me justifier sur mon patrimoine génétique, plutôt que sur mon CV, parce que des lecteurs du journal accusent la Fédération anarchiste d'avoir recruté une traîtresse : la fille de Jacky Sigaux. Un peu décontenancée, mais résolument convaincue que cela n'est qu'une formalité et que tout va rentrer dans l'ordre, un peu contre mon gré, je choisis de rédiger une lettre publique[135]. Dans cette déclaration, que je partage sur mon site et sur la page Facebook du Monde Libertaire, j'explique d'où je viens, qui je suis et j'invite les lecteurs à lire mes textes indiscutablement antifascistes – j'ai écrit pour la cause des migrants, sur l'histoire de l'anarchisme ou encore contre l'exploitation par le travail – plutôt que de me juger sur ma filiation. J'explique aussi, en réponse aux attaques que j'ai reçues, que je peux tout à fait intervenir dans des médias d'un bord opposé au mien si je reste conforme à mes idées et que je les exprime clairement. Malgré mes

---

[135] https://www.azelmasigaux.com/lettre-ouverte-en-reponse-aux-polemiques

explications, quelques jours plus tard, le verdict tombe : la rédaction m'exclut de ses colonnes. Des entités autoproclamées « antifascistes » ont fait pression sur la Fédération Anarchiste – la soumission étant un comble pour des anarchistes – et ont décidé que je ne faisais pas l'affaire. En cause : le lien de parenté avec Jacky, l'existence de rapports sociaux avec Dieudonné et moi – oui, désolée de l'avoir connu quand j'avais 8 ans – et le fait que je sois intervenue sur des médias dits d'extrême droite ou aux côtés d'invités issus de cette même catégorie politique sans m'être opposée à eux. En l'occurrence, ces militants faisaient allusion à mon intervention sur la chaîne de télévision RT France, dans une émission culturelle où il était question de présenter l'un de mes romans de science-fiction. À cette occasion, j'étais assise en face d'Alain de Benoist qui présentait également un livre, avec qui par ailleurs je ne partage pas les idées sur la question de l'immigration. Aurais-je dû décliner cette invitation parce que cette personne était invitée en même temps que moi ? Je ne crois pas. Car dans ces conditions, cela signifierait que pour militer correctement pour une société plus humaniste, il faudrait restreindre ses supports de communication au maximum et ainsi rester dans l'entre-soi. À la radio, à la télévision, il y aura toujours des invités avec qui on ne partage pas telle ou telle opinion. Il y aura toujours des opposants politiques présents dans les cortèges de manifestations auxquels on souhaite participer. Doit-on pour autant exclure ces personnes ou bien s'exclure soi-même ? Cela n'a évidemment aucun sens.

Cet évènement m'a vivement attristée. Non pas pour moi-même – quoi que j'aie dû me faire à l'idée que la route serait périlleuse, y compris dans mes projets littéraires –, mais pour l'humanité. Le temps passant, cet épisode m'a toutefois éclairée sur un point très intéressant qui en dit long sur le travail qui reste à mener : un certain nombre d'individus se revendiquant de l'antifascisme ressemblent plus que je n'aurais pu l'imaginer aux fascistes eux-mêmes. Leur radicalité aveugle et leur esprit sectaire sont quasiment identiques, tandis que leurs combats idéologiques s'opposent. Cette frange des antifascistes noircit l'ensemble de l'étiquette, moi comprise. C'est bien dommage. Du fait de ma position singulière, à cheval sur différents combats militants, et à partir de cet épisode, j'ai commencé à comprendre que la pensée binaire dominait malheureusement les échanges sociaux. Cet esprit manichéen, qui impose à chaque engagement une perméabilité à toute nuance d'idées, est une forme de suicide, car elle est contreproductive. Je ne vois pas bien comment ces anarchistes antifascistes, qui rêvent théoriquement d'un monde plus humaniste et plus tolérant, comptent atteindre leur utopie en procédant d'une manière aussi hermétique et dictatoriale.

Peut-être avez-vous déjà entendu parler de la pensée complexe, ce concept philosophique défini pour la première fois par Edgar Morin dans son ouvrage *Science avec conscience*[136]. Le sociologue en a fait la base d'un grand sujet de réflexion et un thème récurrent qu'il a pu développer à de nombreuses reprises, y compris dans d'autres livres[137]. Selon le célèbre auteur, la pensée complexe s'opposerait à cette segmentation, cette division des disciplines telle qu'on peut l'observer en politique, en science ou même en enseignement. Face à cette tendance récente au compartimentage des savoirs, la pensée complexe vise à créer du lien entre toutes ces connaissances, de manière à mieux comprendre l'autre et à mieux appréhender le monde. Pour Edgar Morin, il n'est pas seulement question d'additionner bêtement ces disciplines, mais d'en faire quelque chose de nouveau. Le sociologue illustre parfaitement cette nuance lors d'une interview pour le Centre National de la Recherche Scientifique :

---

[136] *Science avec conscience*, Edgar Morin, Fayard, 1982.

[137] *Introduction à la pensée complexe*, Edgar Morin, Seuil, 2005.

Sept savoirs nécessaires à l'éducation du futur, Edgar Morin, UNESCO, 1999.

Introduction à la pensée complexe, Paris, Seuil, 2005.

La complexité humaine, Paris, Flammarion, 2008.

« Je montre que le système n'est pas seulement la somme des parties, son organisation produit des qualités qui n'existent pas dans ses éléments. C'est le cas de l'organisation du vivant : elle est faite uniquement d'éléments moléculaires physico-chimiques, mais elle a des propriétés que n'ont pas séparées les molécules : l'autoreproduction, l'autoréparation, la cognition, la dépendance à l'égard de l'environnement, ne serait-ce que pour se nourrir afin d'assurer l'autonomie. »

La *« stratégie de reliance »*[138], pour reprendre les mots du sociologue, la rencontre transdisciplines, ne permettrait pas seulement de bâtir des ponts entre les différentes professions ni uniquement de créer un réseau d'échanges entre les savoirs, mais également de faire naître de nouvelles découvertes et connaissances. Cette notion de « complexité » est particulièrement bien définie par Edgar Morin qui affirme d'ailleurs s'être pour cela inspiré de William Ross Ashby, psychiatre britannique connu pour être l'un des pionniers de la cybernétique – étude de l'art de la communication des êtres vivants et des machines, à l'origine de l'informatique. Cette définition qui démontre encore une fois que tout est lié dans les idées comme dans le monde, la voici :

« Quand je parle de complexité, je me réfère au sens latin élémentaire du mot «complexus», «ce qui est tissé ensemble». Les constituants sont différents, mais il faut voir comme dans une tapisserie la figure d'ensemble. Le vrai problème (de réforme de pensée) c'est que nous avons trop bien appris à séparer. Il vaut mieux apprendre à relier. Relier, c'est-à-dire pas seulement établir bout à bout une connexion, mais établir une connexion qui se fasse en boucle. Du reste, dans le mot relier, il y a le « re », c'est le retour de la boucle sur elle-même. Or, la boucle est autoproductive. À l'origine de la vie, il s'est créé une sorte de boucle, une sorte de machinerie naturelle qui revient sur elle-même et qui produit des éléments toujours plus divers qui vont créer un être complexe qui sera vivant. Le monde lui-

---

[138] Voir l'article « La stratégie de reliance pour l'intelligence de la complexité », Edgar Morin, *Revue internationale de systémique*, vol. 9, n° 2, 1995.

même s'est autoproduit de façon très mystérieuse. La connaissance doit avoir aujourd'hui des instruments, des concepts fondamentaux qui permettront de relier[139] ».

Cette expression de *pensée complexe* devait au départ être le titre de mon livre. Car si je connaissais évidemment le célèbre nom d'Edgar Morin, je ne m'étais jamais renseignée sur ce concept pourtant fondamental dans sa carrière. Ou peut-être l'avais-je déjà entendu sans l'écouter et mon subconscient cherchait à me le susurrer. Plus récemment, l'expression a également été associée au président Macron, non pas pour ses capacités à fédérer les disciplines et encore moins les corps de métiers. Si l'expression a été utilisée par son entourage au sujet du président en 2017, c'est simplement pour qualifier l'intelligence suprême du monarque et justifier son refus de s'entretenir avec les journalistes lors du traditionnel premier 14 juillet de son mandat[140]. Aparté clos, la découverte du sujet d'étude d'Edgar Morin a complété ma propre idée de la pensée complexe, ainsi que mon travail sur le sujet de la convergence des idées.

Cette pensée complexe, que j'appellerais *« pensée nuancée »*, à laquelle j'aspire pour le bien commun, est celle du savoir-écouter, entendre les nuances. Il s'agit de cette faculté, bien trop rare, à saisir la complexité d'une opinion sans la classer dans une catégorie idéologique muée d'apriori. À mon sens, cet esprit coloré d'exceptions et de particularités, qu'il s'agit de forger à travers un travail d'éducation populaire constant, est l'une des premières étapes du succès de l'union sociale et militante. Sans cette destruction des barricades entre les idées, il est bien compliqué d'imaginer de possibles pactes intercorporations sur des

---

[139] « La stratégie de reliance pour l'intelligence de la complexité », Edgar Morin, *Revue internationale de systémique*, vol. 9, n° 2, 1995.

[140] *« Il n'y a pas de refus d'obstacle avec la presse »*, jure-t-on pourtant à l'Élysée, où l'on fait valoir que la *« pensée complexe »* du président se prête mal au jeu des questions-réponses avec des journalistes (https://www.lemonde.fr/politique/article/2017/06/29/ce-que-macron-veut-faire-de-son-congres_5152770_823448.html).

objectifs collectifs tels que la transformation de la société, la construction d'un nouveau système démocratique ou encore un projet écologique, par exemple. Je pense notamment aux révolutionnaires antifascistes qui éjectent, de fait, n'importe quelle personne qui figure sur leur liste noire, quelle qu'en soit la raison. Je pense également aux « souverainistes » à tendance extrême droite qui bannissent du débat tout « gauchiste », de par son étiquette politique. Je pense aussi à certains Gilets jaunes qui, par principe, refusent de s'unir à des syndicats à l'occasion de manifestations, ou encore à des écolos qui ne veulent pas fréquenter ceux qui sont descendus dans la rue à l'occasion de la hausse du prix de l'essence, sous prétexte qu'ils s'opposeraient à la préservation de la nature. La réalité est bien plus subtile, encore faut-il prendre le temps de l'observer, en prenant d'abord le soin de retirer le filtre de la stigmatisation aveugle.

L'ignorance est le premier pas vers la haine. N'oublions pas que la xénophobie est considérée comme une phobie et que les peurs irraisonnées se traitent bien souvent par une confrontation avec l'objet phobogène. Ainsi, il s'agit non pas d'occulter, d'ignorer ou, pire, d'attaquer, mais bien de faire face à l'objet de son aversion, et ce, avec bienveillance. Je ne cesse de penser qu'avant de pouvoir révolutionner le monde environnant, il est essentiel d'opérer une véritable transformation intérieure et celle-ci passe par la destruction des chaînes qui oppriment notre cerveau et notre liberté de pensée.

Les biais cognitifs

Certains processus innés nous encouragent à cette pensée binaire. Les biais cognitifs, par exemple, altèrent constamment notre faculté à raisonner et nous poussent à nous enfermer dans des raisonnements simplistes. Ces techniques mises en place par notre propre cerveau nous amènent à dévier de la réalité en empruntant des voies qui nous semblent justes, bien que dénuées de logique ou d'appui scientifique. Ces biais interviennent à la fois lorsque nous traitons des informations et lorsque nous tentons de trouver des réponses. Quand ils prennent le dessus, et c'est souvent le cas, le débat s'avère impossible ou faussé. Et même si l'on est conscient de ces pièges, il est difficile de ne pas se laisser duper. Ce n'est d'ailleurs pas pour rien s'ils sont souvent utilisés dans les domaines de la publicité, de la politique ou encore des médias. Des exemples, il en existe une multitude.

Parmi les biais les plus courants, il y a celui qui nous pousse à sélectionner les informations qui confirment une opinion de départ (biais de confirmation) ou encore à considérer des ressentis et des témoignages émouvants comme des preuves (raisonnement émotionnel). L'abstraction sélective, qui consiste à retenir un seul détail d'une situation et de l'interpréter une fois sorti de son contexte, est également un procédé classique.

À ce jour, les psychologues ont décelé plus de 180 biais cognitifs différents[141] et il serait bien trop long et sans intérêt de les lister ici. Mais il est intéressant de les prendre en considération et de se rappeler qu'il est bien plus simple de se laisser guider par ces penchants pour la distorsion du traitement cognitif de l'information que de raisonner de façon sensée et logique. L'auteur Buster Benson classe les biais de la pensée en catégories, permettant de comprendre pourquoi et comment ces processus opèrent dans notre cerveau. Selon lui, ces modes opératoires se déclenchent dans quatre situations typiques :

- lorsque les informations sont trop nombreuses ;
- lorsque l'on cherche du sens à une information ;
- pour hiérarchiser nos souvenirs ;

---

[141] Un article de blog très intéressant à ce sujet : https://amaninthearena.com/biais-cognitifs/.

- pour agir vite.

Certaines méthodes, suggérées par nombre de psychologues et sociologues, mais également par certains Youtubeurs dits « sceptiques » – encore une case à connotation négative – permettent d'éviter ce genre de distorsion cognitive et d'apprendre à débattre avec plus de bienveillance sans se réfugier dans des carcans idéologiques sans fondement. En ce qui concerne ce que j'appelle la *pensée binaire*, le biais d'homogénéité de l'exogroupe semble le plus approchant. Ce raisonnement consiste à considérer les membres d'un groupe extérieur à celui auquel on appartient comme similaires les uns des autres et à ceux de son propre groupe comme différents. En d'autres termes, on a tendance à faire des généralités au sujet des personnes que l'on connaît moins et dont on ne se sent pas proches. À l'inverse, on reconnaît des identités propres et des nuances chez les personnes de notre entourage, de notre « clan ». C'est ainsi que parce que l'on a vécu une mauvaise expérience dans un restaurant d'un pays étranger, par exemple, on va considérer que cela vaut pour tous les restaurants du pays concerné. De même, parce qu'on aura vu une femme végan se comporter de façon hystérique à la télévision – c'est un exemple, mais il est souvent vérifié et montre bien à quel point les médias jouent avec les biais cognitifs –, on va considérer l'ensemble des végans comme des fous furieux ou toutes les femmes comme des personnes qui perdent le contrôle de leurs émotions. Bien d'autres tendances participent à la stigmatisation, aux amalgames et aux guéguerres internes. C'est le cas du biais implicite, également appelé stéréotype, de l'effet de vérité illusoire (considérer comme vraie une information parce qu'elle est répétée) ou encore des corrélations illusoires (tirer des conclusions hâtives en reliant deux évènements qui ont lieu en même temps sous prétexte qu'ils sont synchrones). Tous ces mécanismes mis en place par notre cerveau de façon innée, mais également du fait de l'évolution de l'être humain et de notre culture, ne sont pas forcément à jeter. Car même s'il en était question, il serait impossible de tous les éviter. Ces procédés internes agissent comme des réflexes de survie qui nous permettent de nous rassurer, de nous sentir plus forts ou tout simplement de ne pas souffrir. Il est plus facile de se conforter dans les thèses qui nous conviennent et dans les idées que nous ont transmises nos parents, par exemple, que de se confronter à une réalité plus rude. Il est plus facile de tomber dans une croyance ou de rester dans une certaine cohésion de groupe en évitant le conflit que d'oser penser autrement et sortir de la norme.

Quelles qu'en soient les raisons, avoir conscience des biais cognitifs permet de se poser les bonnes questions lorsqu'il s'agit de débattre sur un sujet sensible ou avec une personne qui ne correspond pas à notre catégorie sociale ou idéologique. Les connaître nous permet également de regarder différemment l'autre et de réfléchir différemment sur n'importe quel sujet.

Pour ce qui nous intéresse, à savoir la convergence des luttes et des idées, mais surtout l'amélioration de la société, il me semble essentiel de s'intéresser aux barrières cognitives qui peuvent nous diviser. Car ces procédés agissent comme des obstacles qui nous empêchent de nous unir sur des questions pourtant fondamentales pour notre avenir et notre présent.

L'exemple des réseaux sociaux

Les réseaux sociaux ne cessent de prendre de l'ampleur. Facebook, Twitter, Instagram, LinkedIn : ces incroyables bestioles grouillantes de contacts tissent leur toile à chaque nouveau clic, s'étendant davantage année après année, s'interconnectant même parfois. Ce tissu virtuel de connaissances nous montre à quel point le monde est petit et grand à la fois et comme il est désormais facile d'échanger et de construire des liens. Paradoxalement, jamais il n'a semblé être aussi difficile de communiquer. Pas compliqué sur le plan technique, évidemment, mais sur le plan pratique. Car si écrire à un proche exilé à l'autre bout de la planète se fait désormais en quelques secondes depuis un smartphone, une tablette, un ordinateur ou même une montre, trouver un véritable interlocuteur attentif est une autre paire de manches. Ce phénomène absurde, qui veut que plus il est simple de se parler, plus il est délicat de se faire entendre, s'ajoute à un autre constat tout aussi contradictoire : plus on est connecté, plus on se sent seul. Peut-être que cela n'est que le fruit du hasard ou que ces faits n'ont aucun lien de cause à effet. Toujours est-il que la binarité des débats dans le paysage médiatique, la politique-spectacle mise en scène par les grandes chaînes de télévision, cette ère du clash et du buzz s'illustre aussi sur les réseaux sociaux.

Comme pour tous les sujets de société, la pandémie du Covid-19, et en particulier la période du confinement obligatoire, aura accéléré et mis en évidence ce phénomène. En effet, retranchés derrière leur ordinateur de salon, les Français et les humains du monde entier ont exploité comme jamais l'un des seuls exutoires qui leur restait. Ainsi, à force d'être coupé des liens sociaux pour des questions sanitaires, on a tissé des liens virtuels. Familles, collègues, amis et étudiants ont ainsi goûté aux joies des réunions en visio et des discussions sans contact au travers du prisme de l'écran. Si le but premier était de maintenir les liens et de remplacer les rencontres réelles – ce qui a d'ailleurs permis d'éviter certains déplacements en avion, un plus pour la planète – le résultat n'a pas toujours été celui de la réunification. Tout n'est pas noir non plus, en ce sens que, comme dans toute nouveauté, il y a du bon et du moins bon. On tâtonne, on s'essaie à l'outil, on se lâche, on ose, on rate. Et puis il faut dire que les algorithmes des réseaux sociaux, dont le but est de susciter de l'activité sur ces plateformes, n'aident pas aux relations sereines sur le web. Les robots des GAFAM s'adaptent au comportement des utilisateurs pour choisir quels types de publications seront mis en avant sur chaque écran d'accueil de façon personnalisée. En ne se basant pas sur la véracité d'une information, mais plutôt sur l'intérêt et les réactions qu'elle génère, les algorithmes font de nos réseaux sociaux des toiles qui nous encensent dans nos connaissances et dans nos croyances. Si l'on clique sur une vidéo qui prône la théorie de la Terre plate, par exemple, on aura davantage de chance de voir passer une nouvelle vidéo du même auteur ou sur le même genre de théorie. Pour sortir de cet entre-soi encouragé par Facebook et Twitter, notamment, il s'agit de faire un effort. Celui d'aller voir ce qui ne va pas forcément dans notre sens, de varier les sujets de recherche, de s'ouvrir aux théories alternatives. Pour ce qui est des discussions et des commentaires, il est également difficile de ne pas se laisser happer par la facilité, à savoir s'agacer, envoyer des GIF moqueurs et mettre des hashtags clivants ou stigmatisants. Il est moins naturel de chercher à argumenter, à écouter l'autre et à débattre sereinement, car tout est fait pour aller plus vite – la limitation du nombre de caractères sur Twitter le démontre parfaitement.

Pour autant, on a vu émerger des tentatives de convergence sur ces supports, en particulier dans le milieu militant Gilet jaune. J'ai moi-même été à l'initiative d'un projet commun de groupe Facebook, porté sur l'idée d'union des luttes sans étiquette politique ni apriori. À la suite d'une expérience désastreuse dans un autre groupe similaire appelé Le Jour Se Lève, où il s'est avéré que les fondateurs n'étaient autres que des personnes en mal de notoriété et d'argent, nous avons, avec quelques déçus dont mon ami Philippe Pascot, co-créé un mouvement virtuel appelé Les Convergents.

Pour ne pas reproduire ce que nous avions vécu et assurer une véritable démocratie interne sans risque de récupération par l'un des fondateurs, nous avons énormément travaillé sur une base solide et transparente à travers l'élaboration de chartes et d'attestations sur l'honneur. Le pari, pourtant, était risqué, chaque fondateur étant issu de parcours politiques drastiquement différents. Nous étions convaincus qu'il était possible de se réunir sur des points communs, tels qu'un même objectif – un changement de société vers davantage de démocratie et d'égalité de droits – et un même « ennemi » – le système injuste et liberticide – tout en faisant fi des étiquettes partisanes. Ainsi, parmi les créateurs du groupe Les Convergents, la palette allait de l'extrême gauche à l'extrême droite, ce qui nous a d'ailleurs valu des débats houleux au sujet des choix de publications de la communauté. Malgré tout, nous avons tenu bon, car la priorité était ailleurs : constituer une plateforme de liens entre les différents acteurs du monde militant, rassemblant en un même lieu virtuel les différents représentants des associations, collectifs et initiatives. Ainsi, nous avons démarché ces personnes clés, nous avons organisé des débats en live en lien avec la convergence (discussions entre policiers et victimes de violences policières, échanges entre militants de tout bord...), nous avons proposé des sujets de débats, des échanges, des suggestions d'actions collectives. Malheureusement, au bout de quelques mois, par manque de moyens, mais aussi par des soucis internes, nous avons dû fermer le groupe. Notre volonté d'instaurer un fonctionnement entièrement démocratique et de faire participer les membres n'a pas suffi. Force est de constater que si nous recevions énormément de bonnes idées de la part des membres, trop peu de personnes étaient réellement motivées pour les appliquer ni même pour tenter de les mettre en place. Nous avons observé, avec déception, que la plupart des adhérents étaient dans l'attente de propositions de notre part alors que le but visait justement l'inverse. En présentant un support sur lequel les membres pouvaient échanger, nous aurions simplement fait office d'arbitres. Loin d'être un échec, cette expérience nous a tous beaucoup appris sur la convergence des luttes et en particulier sur le chemin qu'il restait à parcourir. Cette tendance à suivre un leader était-elle et serait-elle à nouveau inévitable ? De mon côté, je pense qu'il s'agissait seulement d'un obstacle temporaire, dû à des décennies d'habitude. Car, en effet, toutes les structures que l'on connaît ou presque fonctionnent ainsi, de façon verticale, un chef guidant les autres. Par ailleurs, des essais de convergence sur un éventail aussi large de personnalités et de collectifs n'avaient jamais, ou rarement, été faits. L'expérience a manqué aux troupes. Peut-être avions-nous vu trop grand et trop tôt. Toujours est-il que si la méthode n'était, semble-t-il, pas la bonne, la clôture de ce groupe n'implique pas l'échec de la convergence des combats militants en tant que principe général. Après tout, le fait même d'avoir pu travailler et échanger calmement avec des personnes avec qui je n'aurais pas discuté dans d'autres conditions me donne de l'espoir. Il est tout à fait possible de rester focalisé sur des points d'accord sans aborder le reste, même si parfois, le naturel revient au galop et que des facilitateurs sont indispensables pour recentrer les débats. Pour autant, il s'agit de trouver le bon timing et la bonne méthode pour converger.

Cette expérience, tout comme l'épisode du Monde Libertaire, m'a montré qu'à différents niveaux, la notion de convergence impliquait des limites qui diffèrent selon les personnes, les sensibilités et les objectifs. Ainsi, tandis qu'en ce qui me concerne, je suis prête à parler avec tout le monde à partir du moment où le projet reste clair, d'autres se mettent des barrières très restreintes au-delà desquelles ils s'interdisent de communiquer. Il existe également des entre-deux qui ont d'ailleurs fonctionné. Je pense par exemple aux Gilets jaunes et aux syndicalistes, qui, sauf quelques échauffourées, ont parfois connu de beaux moments d'union en manifestation. Autre exemple à succès : la convergence entre les mouvements écologistes et Gilets jaunes qui a donné lieu à la Convention Citoyenne pour le Climat. C'est pourquoi à ce stade de mon ouvrage, je me demande davantage quel moyen il faut employer pour converger, plutôt que de savoir si la convergence peut exister. Je l'ai observé, cela fonctionne. Mais pour perdurer et donner lieu à des résultats concrets, que manque-t-il ?

La pandémie, combinée aux réseaux sociaux, a également débouché sur des guerres internes. Le sujet de la maladie occupant quasiment tout le temps d'antenne dans les médias, il en a été de même sur la toile. Certains déçus de la politique macronienne et de la politique tout court, révoltés face aux mensonges de nos dirigeants et en quête de réponse sont parfois tombés dans les pièges tendus par des profiteurs de crise. C'est ainsi que j'appelle les gourous Raoult, Crèvecoeur, Fouché, Henrion-

Claude et autre Casasnovas qui, forts du climat de perdition ambiant, ont sauté sur l'occasion pour décréter, entre autres, qu'ils détenaient un remède interdit par les lobbies pharmaceutiques et politiques, que le virus n'était qu'une invention des élites pour nous manipuler et nous opprimer ou encore que le masque était une muselière pour nous empêcher de nous exprimer. Mais ces individus qui ont propagé des théories dites « complotistes » (le mot est bien mal choisi étant donné que des complots ont toujours existé) se sont avérés ne pas valoir mieux que ceux qu'ils critiquaient. Les uns comme les autres, en propageant des mensonges et en surfant sur la peur généralisée, se sont enrichis tout en passant pour des sauveurs. Ces théories n'ont cessé de croître tout au long de la pandémie sur les réseaux, se propageant plus vite que la maladie.

D'un côté comme de l'autre, les égos ont dominé et ont provoqué des clashs dénués d'intérêts, énergivores et contre-productifs. Entre les antivax assumés qui traitaient tous ceux qui ne pensaient pas comme eux d'» endormis » et de « moutons » et les macronistes qui insultaient les autres d'abrutis, les clans se sont érigés comme des murs. Et comme le monde est loin d'être binaire, mais que la tendance l'est, il a été très difficile d'entendre les propos plus nuancés. Car nous avons été nombreux à tenter de rétablir la vérité tout en affirmant notre dégoût de la gestion de la crise par le gouvernement. Mais cette nuance a bien souvent été incomprise et a elle aussi participé aux guerres internes, tandis que les dirigeants continuaient pendant ce temps à mettre en place des lois toujours plus liberticides dans l'ignorance la plus totale. Diviser pour mieux régner, nous y revenons toujours.

La Fondation Descartes, une organisation indépendante spécialisée dans l'information et le débat public, explique le phénomène de la polarisation des opinions sur les réseaux sociaux de plusieurs façons. L'effet « bulles de filtre »[142] d'abord, généré par les algorithmes qui trient

---

[142] https://www.fondationdescartes.org/2020/07/bulles-de-filtre-et-chambres-decho/

les informations, participe à la polarisation des idées sur le web. Par ailleurs, l'organisme présente un autre processus qui a pu être observé par des chercheurs : les internautes ont tendance à se rapprocher de personnes qui développent les mêmes opinions qu'eux, formant ainsi ce qu'on appelle des « chambres d'échos ». Ces communautés deviennent de plus en plus hermétiques à mesure que l'idéologie développée est radicale. De la même manière, plus les propos sont virulents et extrêmes, plus ils sont relayés par des médias ou profils issus de la même communauté et moins ils sortent de leur propre cercle[143]. Autre information intéressante, issue cette fois du travail de Richard Fletcher, chercheur au Reuters : « *plus nous sommes confrontés à des informations qui contredisent ce que nous pensons, plus nous serions inclinés à renforcer notre position initiale* ». Autrement dit : le communautarisme sur les réseaux sociaux renforce le communautarisme.

Outils de division vs outils d'union

Afin de trouver les outils propices à l'union, il est intéressant de comprendre quelles sont les méthodes employées par ceux qui nous divisent. Sur le fond, mais peut-être est-ce ma culture anarchiste qui parle, j'ai toujours été convaincue de trois facteurs à l'origine de tous les maux du monde, de la guerre de voisinage à la guerre mondiale en passant par les conflits familiaux :

- pouvoir
- argent

---

[143] Ibid. Voir aussi l'excellent schéma suivant, réalisé par des étudiants de Harvard's Berkman Klein Center et du MIT's Media Lab, à partir de partages d'informations sur Twitter aux États-Unis : https://www.technologyreview.com/2018/08/22/140661/this-is-what-filter-bubbles-actually-look-like/.

- religion

Plus le temps avance, plus je me cultive et m'informe et moins je suis certaine de cette règle. Car après tout, ces trois notions sont intrinsèquement liées : qu'est-ce que l'argent si ce n'est un moyen d'accéder au pouvoir ? N'y a-t-il pas une relation directe entre élites et fortune ? De même, la religion n'est-elle pas, en tant qu'institution, une façon de dominer les peuples, voire dans les pays qui n'ont pas connu la laïcité, une façon aussi de se faire de l'argent ? D'un autre côté, on peut aussi revoir les termes. Car plus que l'argent, c'est le capitalisme qui est en cause. Et plus que la religion, c'est ceux qui l'utilisent à mauvais escient qui sèment le trouble. Quant au pouvoir et à sa perpétuelle quête menée par l'Homme, ils ne sont pas toujours néfastes. Les jeux de pouvoir peuvent aussi permettre d'organiser les sociétés, à condition qu'il ne s'agisse pas d'un pouvoir autocentré. En bref, il est très difficile de saisir les véritables causes à combattre en ne les réduisant qu'à une seule expression. Là encore, la complexité est au cœur de la vérité. Toutefois, il est important de se poser ces questions et d'y travailler de façon à s'unir. Car la convergence implique un point commun. Il pourra s'agir d'un ennemi à condamner ou bien d'un objectif à atteindre, si ce n'est les deux. Il pourra aussi s'agir d'une convergence temporelle, à raison de manifestations ou d'actions synchrones, permettant d'obtenir plus de poids dans le rapport de force. La convergence doit également s'établir sur les méthodes et les outils. Ceux de la division apparaissent clairement et nous l'avons vu : il s'agit des discours médiatiques, des algorithmes des réseaux sociaux ou encore des crises de société. Il s'agit des biais cognitifs ainsi que des sujets triviaux tels que l'appartenance ou l'étiquette.

Si ces méthodes de division fonctionnent depuis des millénaires, nous devons tenter de trouver des outils d'union qui fonctionnent tout autant. Pour cela, plusieurs options s'offrent à nous. Nous pouvons essayer d'agir là où personne ne nous attend, comme nous pouvons utiliser les outils dont se servent nos opposants. L'expérience m'a démontré qu'un seul de ces leviers actionnés individuellement n'est pas suffisant. Ainsi, miser uniquement sur les manifestations ou la signature de pétitions ne permet pas de contrer efficacement cette machine infernale vouée à la division populaire. De la même manière, intervenir dans les grands médias pour tenter de diffuser un discours alternatif n'est pas une solution qui fonctionne, lorsqu'elle est pratiquée seule. Il s'agit d'allier différentes méthodes, tant locales que nationales, tant dans les marches et manifestations que dans l'organisation de débats et de réseaux d'entraide. Utiliser la voie des urnes, bien que fortement contestable, peut également être utile, à condition que les garde-fous soient posés et les intentions, tournées vers le bien commun et le programme plutôt que vers l'égo et le culte de la personnalité. Quelle que soit la méthode employée, y compris celles que l'on a tendance à rejeter dans le système actuel (lobbyisme, média, politique, etc.), elle prend du sens lorsqu'elle est revisitée et combinée à d'autres outils.

C'est ainsi que le lien semble être la solution. Les quelques Gilets jaunes qui se sont lancés en politique électorale ont créé plus de zizanie interne que d'union pour une raison bien simple : ils l'ont fait au nom d'une étiquette, d'un groupe, sans aucune concertation préalable avec ceux qu'ils considéraient représenter et sans aucun parallèle avec des actions conjointes. De même, les manifestations citoyennes n'ont de répercussions que lorsqu'elles sont relayées par les médias, qu'on le veuille ou non, et n'ont de sens que si elles s'accompagnent de revendications légitimes, travaillées en amont dans le cadre de réunions et d'ateliers collectifs. Ces messages sont d'autant plus impactant s'ils sont retranscrits dans des pétitions et autres supports de pression.

En bref, tous les outils d'information, de communication et de diffusion des revendications sont intéressants à partir du moment où ils ne sont pas utilisés seuls ou au détriment des autres. De la même manière qu'il peut être inefficace de déclarer 5 lieux de manifestations différents dans une même ville pour une même cause le même jour, il sera compliqué d'envisager le partage d'une pétition et faire en sorte que celle-ci ait de l'écho sans interpeller les grands médias. Parce qu'on ne peut se montrer performant partout, il semble ainsi incontournable de s'appuyer sur le savoir-faire de spécialistes pour utiliser les supports que l'on ne maîtrise pas. L'entraide est inévitable. Pour être efficaces, les moyens employés doivent donc s'additionner, plutôt que de remplacer un modèle existant. Si l'on fait un parallèle, la convergence des luttes et des idées, plutôt que de fusionner les mouvements pour n'en faire qu'un, devrait davantage ressembler à une alliance coordonnée, basée sur l'entraide et la communication. À ce sujet, l'économiste Frédéric Lordon donne une vision éclairée : *« Si donc, pour faire dans les grands mots, on devait formuler une éthique politique des luttes, ou de la coexistence des luttes, elle aurait pour premier principe de ne rien faire dans sa lutte qui puisse nuire aux autres luttes. »*[144]

---

[144] Frédéric Lordon, « Pour favoriser une entente des luttes », *Le Monde Diplomatique*, mars 2021.

LIENS ET RÉSEAUX : DES LOIS NATURELLES

Cheminement personnel et convergence naturelle

Trois théories pourraient constituer les règles de bases de l'union interluttes :
- la convergence des luttes et des idées ne se fera pas sans heurt ni obstacle ;
- l'union des luttes devra passer par l'entraide, moteur des alliances réussies ;
- les relations entre les mouvements, plus que l'union en elle-même, sont la clé de la réussite commune.

L'importance des liens dans la nature remet en question la conception basique de convergence des luttes : cette idée d'union, représentée par un réseau d'individus, de causes, de corps de métiers, de profils et de parcours rassemblés en un point central, symbolisant au choix l'objectif à atteindre, l'ennemi commun, la date conjointe ou l'emplacement géographique. Un tout autre dess(e)in attend l'humanité dans son combat pour la liberté, une autre structure, bien loin du schéma classique d'alliance.

La réflexion qui va suivre sur l'enjeu de la relation s'appuie sur les travaux de différents chercheurs et auteurs ainsi que sur mon propre cheminement.

L'entraide, une tendance naturelle à la convergence

Nous faisons partie intégrante de la nature. En tant qu'antispéciste, cette réalité me semble bien banale. Et pourtant, elle est encore trop peu exprimée et semble même ignorée des débats publics. Il faut dire que certaines formules du langage n'aident pas à la compréhension. On appelle « *environnement* » les arbres et les animaux sauvages, déconnectant ainsi l'être humain du reste de l'écosystème. Comme si l'Homme se trouvait au centre, se distinguant de ce qui l'entoure. En réalité, nous ne sommes qu'un maillon de la grande chaîne de la nature que nous nous évertuons à détruire, vouant notre propre espèce à sa perte, sans nous en rendre compte. Car tel un jeu de dominos s'effondrant pièce par pièce, tout est lié.

L'entraide naît en situation de crise

Dès lors, pour comprendre le comportement humain et la structure même de ses relations, il me semblait important d'en comprendre la structure naturelle, à travers des exemples parmi les animaux non humains ou encore les végétaux. C'est ainsi, comme indiqué dans un chapitre précédent, que j'ai découvert le terreau naturel de l'entraide : la crise. En situation de famine et lorsque les conditions sont défavorables, les êtres vivants se solidarisent et se soutiennent. Ragan Callaway, écologue américain, fut le premier à étudier sérieusement ce phénomène chez les arbres et végétaux dans les années 1990[145]. D'autres observations ont été réalisées auprès d'animaux et d'insectes, mais aussi auprès des cellules et des micro-organismes. Les contrats tacites entre végétaux souhaitant se protéger des prédateurs et animaux en quête de nourriture ou encore entre les plantes désirant se reproduire et les insectes à la recherche de pollen existent par milliers. Parfois, le mutualisme est tel, notamment dans le cas du maïs et du blé – les deux espèces végétales les plus présentes sur la planète –, qu'on peut même se demander « *qui a domestiqué qui* »[146].

La théorie de Kropotkine, ce prince russe devenu géographe anarchiste, selon laquelle les êtres vivants s'entraident pour leur survie, a été confirmée par les observations des scientifiques à l'aube de notre siècle. Toutefois, peu d'études ont été réalisées chez l'humain en ce qui concerne l'apparition de l'entraide en situation de crise. Notre siècle, riche en catastrophes et en dangers pour la survie, tant d'un point de vue écologique et économique, est l'occasion rêvée de laisser s'exprimer notre comportement naturel et de l'observer. Selon Pablo Servigne et Gauthier Chapelle dans *L'entraide, l'autre loi de la jungle*, le chaos favorise la solidarité qui mène à une amélioration des conditions de vie. Quant à l'abondance, elle encourage l'individualisme. Pour rompre ce

---

[145] Callaway RM et Walker LR, « Competition and facilitation : A synthetic approach to interactions in plant communities », *Ecology*, n° 78, 1997.

[146] *L'Entraide, l'autre loi de la jungle*, P. Servigne et G. Chapelle, Les Liens qui libèrent, 2019, page 253

cycle perpétuel et préserver la fraternité comme modèle durable de société, il s'agirait ainsi de construire une culture de l'entraide[147]. Afin que la prochaine révolution ne soit pas suivie d'un nouveau modèle basé sur l'égoïsme et l'injustice, miser sur l'éducation populaire, fondement d'une société altruiste pérenne, est incontournable.

L'homme, animal social, fondamentalement altruiste

Globalement, avant les années 1970 et malgré les hypothèses de Darwin dans ce sens et les recherches fondamentales de Pierre Kropotkine relatées dans son ouvrage *L'Entraide* en 1902, la question de l'entraide en biologie était totalement écartée du débat. Jusqu'alors, c'est la fameuse loi de la jungle qui prédomine dans la communauté scientifique pour expliquer les comportements chez les animaux non humains. De la même manière, dans les sociétés humaines, on instaure cette idée de concurrence et de compétition. Aujourd'hui avec l'ultralibéralisme, on assiste même au paroxysme de cette idéologie qui s'exprime à la fois dans les discours politiques, dans les méthodes d'éducation et en entreprise, mais aussi au cinéma ou dans la publicité. Avant les premières études sérieuses, dans l'imaginaire collectif et chez les spécialistes, c'est donc bien la loi du plus fort qui prime dans les relations entre les animaux et les végétaux. Pourtant, différents chercheurs vont défaire les certitudes. Les exemples de collaboration inter et intraespèces sont nombreux et contrairement aux théories développées précédemment, il s'avère que ces alliances sont en grande partie apparentées à de l'entraide. Car en réalité, et on comprend aisément pourquoi, ce sont les relations les plus bénéfiques qui sont les plus fréquentes dans la nature. Il s'agit du mutualisme, de la symbiose ou

---

[147] Ibid, page 305

encore de la coexistence. Dans ces interactions entre deux espèces différentes, au mieux les deux parties sont gagnantes et dépendent l'une de l'autre pour de la nourriture, par exemple, au pire elles ne nuisent ni à l'une ni à l'autre. Les relations asymétriques existent aussi, évidemment. Il s'agit de la prédation ou de l'amensalisme qui coûte à l'un des deux individus, sans forcément le tuer. Pour ce qui est de la compétition et de l'agression à proprement parler, il s'agit d'une forme d'interaction qui s'avère néfaste pour tout le monde. Source de stress, ce type de relation est évité à tout prix chez les êtres vivants et n'a lieu qu'en dernier recours. Chez l'homme, la culture et l'organisation de la société réfrènent les comportements naturels. Mais en situation de catastrophe, qu'il s'agisse d'une inondation, d'une crise alimentaire ou encore d'un attentat terroriste, l'ordre social n'a plus d'importance et les autorités perdent momentanément le contrôle de la situation. *« Seuls comptent alors les comportements spontanés »*[148].

Comme relaté dans un chapitre précédent, au lieu des pillages et des agressions, ce sont des actes de solidarité qui s'observent dans ces moments d'urgence et de danger. Mieux encore : dans ces conditions, lorsque le raisonnement n'a pas lieu d'être, les comportements prosociaux prédominent. À l'inverse, nombre d'études démontrent que plus les personnes sont mises en situation de réflexion, plus leurs décisions sont égoïstes. Cela ne signifie évidemment pas qu'une société d'incultes ou de demeurés soit la solution. Mais contrairement à ce que j'ai longtemps cru, l'homme est fondamentalement tourné vers l'autre. L'individualité résulte de l'éducation, de la culture et de la société. Le colonel Michel Goya, spécialiste du comportement au combat, nous donne d'autres exemples d'entraide spontanée dans son ouvrage paru en 2015[149]. D'après lui, la plupart des soldats qui se trouvent au combat,

---

[148] Ibid, page 83.

[149] M. Goya, *Sous le feu. La mort comme hypothèse de travail*, Tallandier.

prêts à appuyer sur la détente, préfèrent tirer en l'air ou rater leur cible plutôt que de tuer l'ennemi.

Entraide, cohésion : quelle recette ?

Trois facteurs se distinguent pour obtenir un comportement d'entraide entre les êtres vivants, qu'il s'agisse de membres d'une même espèce ou de plusieurs espèces différentes :
- la présence d'un ennemi commun ;
- un milieu hostile ;
- l'existence d'un objectif commun[150].

Ces éléments réunis permettent de souder un groupe, le menant parfois vers la cohésion, autrement dit l'entraide à son paroxysme. Selon les études présentées dans le livre de P. Servigne et G. Chapelle, à cette nouvelle étape, trois autres ingrédients doivent être observés pour obtenir la cohésion au sein d'un groupe :
- un sentiment de sécurité ;
- un sentiment d'égalité ;
- un sentiment de confiance[151].

Lorsque ces conditions sont rassemblées, le groupe devient une entité propre : c'est ce qu'on appelle un superorganisme. Exactement ce que je décrivais au sujet des Gilets jaunes dans le chapitre dédié : ce sentiment

---

[150] *L'Entraide, l'autre loi de la jungle*, P. Servigne et G. Chapelle, Les Liens qui libèrent, 2019, page 258.

[151] Ibid, page 149.

d'appartenance et de coordination parfaite qui mène à des actes de solidarité uniques, en particulier dans les situations de danger imminent. C'est également le même phénomène qui s'opère dans notre corps : la cohésion qui lie nos gènes, nos cellules, nos membres et notre cerveau fait de nous des superorganismes. Dès lors, l'intérêt collectif prend le dessus sur l'intérêt individuel. À l'inverse, dès qu'une inégalité se fait ressentir ou lorsque l'on perd confiance en l'avenir du groupe[152], celui-ci a tendance à se disloquer : naissent alors les divisions internes.

D'autres facteurs peuvent favoriser cet état d'extase dans lequel l'égo disparaît au profit du bien commun. Les rituels, les croyances, les chants et les musiques cadencées peuvent participer à la cohésion suprême[153] d'un groupe d'individus. Mais lorsque les identités disparaissent totalement au profit d'un superorganisme, cela ne mène pas toujours à du positif. Cet état de fusion exacerbée au détriment des individualités se retrouve ainsi dans l'armée au rythme des marches synchronisées et des « oui, chef » monocordes ou des sectes, dirigées par des gourous aux discours dénués de rationalité, effaçant les identités et les personnalités de leurs membres, mais aussi dans les épisodes les plus sombres de l'histoire, sous les régimes les plus autoritaires. Le regroupement derrière une même bannière peut aussi engendrer un repli communautaire[154]. La cohésion de groupe peut donc tout autant mener à des exploits qu'à des drames. Selon P. Servigne et G. Chapelle, *« la seule manière d'éviter ces écueils est de rester en alerte sur l'autonomie et la responsabilité individuelles [...], de rester vigilant sur la raison d'être du*

---

[152] Ibid, page 285.

[153] J. Haidt, *The Righteous Mind : Why Good People Are Divided by Politics and Religion*, Vintage, 2012.

[154] *L'Entraide, l'autre loi de la jungle*, P. Servigne et G. Chapelle, Les Liens qui libèrent, 2019, page 185.

superorganisme et d'être conscient des dynamiques de « fission fusion » des groupes que nous formons [...] »[155].

Les conséquences de l'entraide au sein d'un groupe

Nous avons pu observer comment se formaient les groupes et quelles étaient les clés de l'entraide et de la cohésion. Mais quelles sont les règles à l'intérieur d'un groupe ? Quelles sont les conséquences de l'entraide ? Là encore, le verdict est sans appel : les communautés les plus altruistes et solidaires sont celles qui survivent le mieux. En effet, si l'agressivité de certains individus leur permet de prendre le dessus sur d'autres et donc d'arriver à leurs fins (nourriture, reproduction, etc.), elle n'est utile que sur le très court terme et au niveau individuel. Sur la durée et sur le plan collectif, la coopération entre les groupes leur offre la plus grande chance de survie[156]. Là encore, Kropotkine avait raison lorsqu'il affirmait, un siècle auparavant :

> « *Les espèces animales, dans lesquelles la lutte individuelle a été réduite à ses limites les plus minimes et où la pratique de l'entraide a atteint le plus grand développement, sont invariablement les plus peuplées, les plus prospères et les plus ouvertes à des progrès ultérieurs* »[157].

Quant aux mécanismes qui permettent à l'entraide de perdurer au sein d'un groupe, ils sont évidemment complexes. Mais des études réalisées sur des groupes témoins et présentées par les deux auteurs, agronomes et biologistes de formation, ont permis de distinguer deux principaux moteurs au fonctionnement du groupe : la réciprocité et la

---

[155] Ibid, page 191.

[156] Ibid, page 240.

[157] Pierre Kropotkine, *L'Entraide, un facteur de l'évolution*, Aden 2009 (initialement 1902).

réputation[158]. Une fois l'ensemble réuni, il s'agit donc d'établir une relation de confiance et de sécurité où l'équité prime et la reconnaissance subsiste.

Cultiver la diversité et la relation

Si l'interconnexion générale et l'importance des liens résonnent pour moi comme une évidence et si cela est prouvé par les recherches des physiciens, sociologues ou biologistes, cela n'a pas toujours été si clair. L'idée inverse était même revendiquée par bien des penseurs, notamment Descartes qui fut l'un de ses instigateurs. Avec sa célèbre doctrine *« je pense donc je suis »*, il marquait déjà une scission nette entre le corps et l'esprit, mais aussi entre l'homme et son environnement. Ainsi, selon le philosophe et après lui une multitude d'autres, l'être humain serait capable de conscience dénuée de tout lien avec les autres êtres vivants et les animaux non humains, considérés comme des *« animaux-machines »*. Malgré la grande influence de cette idéologie sur des générations d'intellectuels, d'autres réflexions ont pourtant émergé, mettant cette affirmation en totale contradiction. Ce fut le cas de Spinoza qui considéra que l'esprit humain était directement lié au corps ou Leibniz qui développa l'idée d'un tout impossible à dissocier, mettant en avant l'importance des relations entre les êtres vivants.

Plus récemment, Edgar Morin a mis en évidence une réalité qui forge notre monde et en particulier celui des sciences : l'hyperspécialisation et l'absence de communication entre ces spécialités. La séparation entre culture et nature, opérée dans les pays occidentaux, aurait en effet entraîné une segmentation hermétique des disciplines, menant à une

---

[158] *L'Entraide, l'autre loi de la jungle*, P. Servigne et G. Chapelle, Les Liens qui libèrent, 2019.

« *chosification* » des sujets étudiés[159]. L'absence de recul, de liens entre les domaines d'études et surtout de vision globale a ainsi cloisonné les recherches et empêché nombre de découvertes. Car c'est bien en faisant communiquer les différents corps de spécialisation que l'on peut saisir la complexité d'un sujet et donc l'étudier pleinement. Lorsque l'on se sent mal, par exemple, on va voir un dentiste pour les dents, un ophtalmologiste pour les yeux, un psychiatre pour la santé mentale ou encore un dermatologue pour la peau. De la même manière, comme en politique où l'on a tendance à s'intéresser aux conséquences plutôt qu'aux causes, avec l'allopathie, on traite les symptômes plutôt que les raisons profondes de la maladie. Pourtant, il semblerait que la plupart des pathologies, si ce n'est l'ensemble, impliquent différentes parties du corps et que les facteurs soient multiples. C'est d'ailleurs pourquoi en se concentrant uniquement sur la mutation du gène p53, reconnu comme suppresseur de tumeur, les chercheurs n'ont toujours pas trouvé de remède au cancer, dont les causes sont nombreuses et diverses. Les scientifiques qui avaient pointé du doigt cette protéine comme seule cible dans la lutte contre le cancer le concèdent désormais : il ne s'agit pas seulement d'une molécule, mais d'un réseau de cellules, de molécules et de protéines qui interagissent et possèdent des noyaux et des liens – chaque maillon du réseau dispose d'une identité propre selon les individus – que l'on doit prendre en considération pour trouver un remède[160]. Et cela vaut pour toutes les maladies. Comme le disait le Dr Béchamp à l'époque de Pasteur « *le microbe n'est rien, le terrain est tout !* »[161]

Je suis moi-même étonnée, à chaque fois que je vais voir des médecins, de constater qu'aucun d'entre eux ne me parle d'alimentation ni

---

[159] Edgar Morin, *La Méthode 1 : la nature de la nature*, Paris, Points, coll. « Essais », 2014.

[160] Bert Vogelstein, David Lane, Arnold J. Levine, « Surfing the p53 Network », *Nature*, n°408, 2000.

[161] https://www.journaldemontreal.com/2020/11/27/le-terrain-est-tout

d'équilibre acido-basique, points pourtant fondamentaux et à l'origine de nombre de maladies chroniques.

Prenons l'exemple du *nerf vague*, un nerf apparemment essentiel dans le fonctionnement du corps humain et dont, pourtant, personne ou presque ne parle. Ce nerf parasympathique, à l'origine par exemple du malaise vagal, mais aussi d'inflammations chroniques telles que l'intestin irritable ou encore la dépression, relie le cerveau aux organes et transmet les informations dans les deux directions. Ainsi, en cas de stress, d'une alimentation déséquilibrée ou d'une mauvaise hygiène de vie, le nerf vague va envoyer au corps des informations pour se défendre. En cas d'une forte agression, le déséquilibre va générer un épuisement du nerf vague et générer des inflammations chroniques et des dysfonctionnements du corps. Lorsqu'on le connaît et qu'on le maîtrise, ce nerf peut à l'inverse s'avérer crucial dans le processus d'autoguérison. Anti-inflammatoire et régulateur cardiaque, il fait directement le lien entre corps et esprit, confirmant ainsi la théorie de Spinoza ou de Leibniz sur le plan médical et scientifique.

Damien Deville, géoanthropologue, et Pierre Spielewoy, doctorant en droit international de l'environnement, tous deux intéressés par le sujet de la relation du fait de leurs voyages, ont écrit un ouvrage sur la question : *Toutes les couleurs de la Terre*. Les recherches et pensées exposées dans ce livre ont complété mes propres recherches et m'ont éclairée sur la nécessité de développer et de cultiver la diversité et la relation, au même titre que ce que la nature nous enseigne. Les auteurs en sont convaincus, les êtres vivants sont non seulement interconnectés, mais interdépendants et régissent aussi en fonction du milieu dans lequel ils évoluent :

« Des microbiotes qui nous aident à digérer et nous protègent de certaines infections, à la nourriture dont nous approvisionnent les écosystèmes, en passant par la main tendue d'une mère, d'un père ou d'une communauté pour signifier amour et confiance, nos individualités ne sont

que l'addition des relations qui nous entourent. Seuls nous ne sommes rien »[162].

Les deux auteurs abordent aussi la question de l'identité et des cases dans lesquelles la société met les personnes en fonction de leur origine. Selon eux, cette réalité mène parfois à des conflits au sein de la population, mais aussi à des crises identitaires personnelles[163]. C'est une rencontre mal pensée, mal aboutie, entre la nature de l'homme et les codes sociaux et culturels. Encore une fois, cette scission entre nature et culture mène à des troubles et parfois même à des guerres. De la même façon, cette confrontation entre l'humain et son « environnement » s'illustre dans la volonté de l'homme à maîtriser la nature. Les jardins japonais, les jardins à la française, domptés à la feuille près, sont de bons exemples de cette fracture et de cette tendance de l'être humain à vouloir dominer l'autre. D. Deville et P. Spielewoy font d'ailleurs le parallèle entre art des jardins et antispécisme, un combat qui m'est cher :

« Cette volonté endémique d'assujettir la nature entraîne une hiérarchisation des espèces en fonction des bénéfices qu'elles peuvent apporter aux populations humaines, mais également en fonction des divers symboles dont l'histoire les a affublées. Nos liens à la nature sont à l'image de l'art des jardins, appréciés lorsqu'ils correspondent aux schémas naturels dominants. […] Savoir dépasser des représentations figées du monde devient impératif pour s'ouvrir à des modes de vie plus respectueux de la diversité et retrouver enfin le goût d'une culture ouverte à la différence »[164].

Car l'individualisme, le refus de la rencontre et de la diversité mènent à l'indifférence et aux peurs. À l'inverse, la culture de la relation, présente naturellement chez les végétaux et les animaux, mais aussi à

---

[162] D. Deville et P. Spielewoy, *Toutes les couleurs de la Terre, Tana éditions*, 2020
[163] Ibid, page 155
[164] Ibid, page 161

travers les paysages et les éléments, est ce qui favorise l'adaptation, le développement personnel et collectif ainsi que la survie. Dans leur ouvrage, les auteurs vont plus loin en affirmant que la relation est ce qui permet la transformation. Et comme le veut la maxime, *rien ne se perd, rien ne se crée, tout se transforme*[165]. Voué à se modifier, le monde devrait donc être rythmé de rencontres tout en prenant soin de reconnaître les identités et les différences. Entreprise dans la bienveillance et l'ouverture d'esprit, la confrontation entre deux mondes différents, voire opposés, est profitable à tous. Mieux : il semblerait que le fruit de cette rencontre ne se réduise pas simplement à l'addition des parties. L'amitié, l'amour, l'apprentissage, la co-création de projets, le dialogue, les discussions, même vives, l'échange d'informations, la mutualisation des savoirs, le partage de moments conviviaux, les services et le soin font partie des nombreuses relations, éphémères ou durables, qui perdurent dans les souvenirs et dans l'enrichissement personnel ou collectif. Il nous est arrivé à tous de devoir travailler avec des personnes d'une classe sociale éloignée ou d'un milieu différent. Sauf exception, lorsque l'objectif est commun ou quand le hasard nous réunit et nous force ainsi à rompre avec les habitudes, le résultat est généralement fructueux. Les exemples foisonnent dans ma tête : les témoignages émouvants des artistes qui ont rejoint les ouvriers en 1968 ou encore les souvenirs des réunions Gilets jaunes où cohabitaient femmes de ménage, professeurs, étudiants et petits patrons sont de belles illustrations de la rencontre, l'une des nombreuses formes de convergence.

Parmi les actions tournées vers la rencontre et la relation dans un objectif commun de transformer la société ou d'en sortir pour en construire une autre, il y a cette multitude de projets citoyens, allant de la communauté hors système au municipalisme. Partout en France et dans le monde se créent des projets collaboratifs visant à quitter les villes, symboles du capitalisme, et à retourner dans les territoires ruraux

---

[165] Antoine Lavoisier, *Traité élémentaire de chimie*, 1789.

où, paradoxalement, le lien social demeure plus fort. Il est notamment question de créer des jardins partagés, de se tourner vers des habitats collectifs ou encore de construire des éco-villages axés sur la démocratie participative et l'échange. Certains ont même fondé des monnaies locales, basées sur les services et les produits locaux. Amusant de retrouver dans le livre de D. Deville et P. Spielewoy l'un des exemples de projets collaboratifs que j'ai l'habitude de citer – comme quoi, encore une fois, tout est lié ! Il s'agit de la ville de Saillans, dans la Drôme, où en 2014, les habitants qui s'opposaient à un projet de supermarché de la mairie ont décidé de s'unir sur une liste aux municipales. Élus à leur propre mairie, les Saillansons ont transformé la vie locale ainsi que la mairie, devenue Maison du peuple. Des assemblées citoyennes ont accompagné chaque prise de décision durant le mandat, la démocratie participative ayant ainsi repris ses droits. Et si en 2020, la liste Saillans Autrement n'a pas été réélue par manque de moyens et d'expérience de la part de ces novices en politique, cette aventure n'est ni un échec ni terminée. Elle a su créer du lien social au sein de la commune et a permis à nombre d'habitants de se politiser tout en essaimant l'idée du municipalisme dans diverses communes alentour, mais aussi dans toute la France[166].

Dans une société en pleine accélération, on peut imaginer d'autres expériences similaires à venir dans les villages et villes du pays et du monde. Il suffisait peut-être d'une première impulsion pour provoquer une réaction en chaîne !

---

[166] https://www.lagazettedescommunes.com/740851/meme-achevee-la-gouvernance-citoyenne-a-marque-les-esprits-a-saillans/

Réseau de liens : un modèle universel et systémique

Les regroupements, projets collaboratifs, rencontres et travaux communs forment des réseaux de liens. Chacun d'entre eux peut être schématisé, dessiné, de façon à en comprendre la structure et les règles. Cela a-t-il déjà été fait par des scientifiques ? Y a-t-il une règle commune entre tous ces réseaux dans la nature comme en politique ou en société ? En me penchant sur la question, je découvre que non : la science des réseaux est un domaine encore très mystérieux.

Un physicien, Albert-László Barabási, a réalisé des recherches sur le sujet, en particulier sur le réseau internet dans les années 1990. Il a pu noter des règles tout à fait communes à la plupart des réseaux existants sur Terre. Son livre *Linked*[167] m'a permis de compléter ma réflexion sur la convergence des luttes, car il m'a donné l'opportunité d'en visualiser les possibilités, les points forts et les failles d'un point de vue structurel.

La loi des 6 degrés de séparation

Première grande surprise : l'expression *« le monde est petit »* n'est pas qu'une phrase jetée en l'air, c'est une réalité. Le monde est tellement interconnecté que des chercheurs ont démontré que seulement six personnes, en moyenne, séparaient n'importe quel individu d'un autre. Si vous prenez Donald Trump et un Inuit, par exemple, six intermédiaires suffisent dans leur réseau de connaissances pour les faire se rencontrer. Cette théorie développée par Frigyes Karinthy en 1929 a été prouvée par

---

[167] Albert-László Barabási, *Linked*, Perseus Publishing, 2002.

le sociologue Stanley Milgram en 1967 par le biais de courriers postaux. Avec l'arrivée des réseaux sociaux, cette loi a pu être plus facilement étudiée, les liens et les connexions entre les personnes étant rendus publics. En 2011, une étude réalisée sur Facebook a permis d'obtenir le chiffre de 4,74 comme nombre moyen de maillons séparant les personnes[168]. Puis en 2016, une autre recherche a abouti au chiffre de 3,5[169]. Le monde serait-il voué à rétrécir ou bien les réseaux sociaux permettraient-ils de raccourcir les distances entre les individus ? Toujours est-il que ces données donnent de l'espoir quant au pouvoir des rencontres et des échanges. Si l'on en croit ces théories, prendre contact avec n'importe qui dans le monde semble être un jeu d'enfant.

Selon Albert-László Barabási, les réseaux se retrouvent dans tous les domaines et permettent d'atteindre divers objectifs. En entreprise, ces liens donnent accès à des échanges avantageux, c'est ce qu'on appelle les partenariats. En société, les connaissances facilitent les opportunités d'emploi, mais aussi les rencontres amoureuses ou encore les actes d'entraide. Ces réseaux peuvent aussi entraîner des situations moins positives, telles que l'organisation d'attentats, les magouilles politiciennes ou même la circulation de maladies contagieuses. Mais alors, quels sont les réseaux les plus efficaces et quelles en sont les failles et les forces ?

La plupart des réseaux s'apparentent au même modèle

Albert-László Barabási affirme que la grande majorité des réseaux existant sur Terre, du trafic aérien au monde du cinéma hollywoodien en

---

[168] https://www.20minutes.fr/web/828370-20111122-facebook-retreci-monde-ramenant-six-degres-separation-474-moyenne

[169] https://research.facebook.com/blog/2016/2/three-and-a-half-degrees-of-separation/

passant par les micro-organismes ou internet (*World Wide Web*), suivent une même structure, appelée réseau invariant d'échelle (*scaled-free network*), encadrée par la Loi de Puissance (*Power-Law Distribution*). Contrairement à ce qui avait pu être théorisé en 1959 par les mathématiciens Paul Erdős et Alfréd Rényi concernant la caractéristique aléatoire de la formation des réseaux[170], il semblerait que cette part de hasard soit seulement minime.

Les moyeux, les nœuds et les liens

Ce qui s'impose dans la majorité des réseaux est la présence de nœuds (*nodes*) et de liens (*links*). Plus les nœuds détiennent de liens, plus ils grossissent. À force de s'étendre, ces nœuds qui se distinguent des autres deviennent des moyeux (*hubs*)[171]. Deux principes fondamentaux accompagnent ce modèle récurrent : la croissance et l'attachement préférentiel. En d'autres termes, le nombre de nœuds augmente au fil du temps et plus le degré de connexions d'un nœud est élevé, plus il est susceptible d'accueillir de nouveaux liens. Plus une personne a de relations, plus elle en aura. Plus un site web est visité, plus il le sera. Plus Bernard Arnaud est riche, plus il aura de chances de s'enrichir. C'est exponentiel. Cette donnée fondamentale éclaire toutes les observations que j'ai pu exposer dans mon livre : cette précipitation des catastrophes environnementales dont je parlais ou encore cette accélération du nombre de révoltes dans le monde ou de phénomènes de convergence des luttes, notamment.

---

[170] P. Erdős, A. Rényi, « On Random Graphs ». I, *Publicationes Mathematicae*, 1959.

[171] Albert-László Barabási, *Linked*, Perseus Publishing, 2002, page 71.

La règle du 80/20

Vilfredo Pareto, économiste italien, a découvert à la fin du XIXe siècle un principe intéressant : environ 20 % des causes seraient à l'origine de 80 % des effets[172]. C'est ce que l'on appelle désormais le Principe de Pareto ou la loi du 80/20. Pareto a notamment exposé que « *80 pourcents du territoire de l'Italie appartenaient à seulement 20 pourcents de la population* »[173]. Cette règle a pu être observée dans d'autres domaines : en entreprise, « *80 pourcents des bénéfices sont produits par seulement 20 pourcents des employés. [...] 80 pourcents des décisions sont prises durant 20 pourcents du temps de réunion [...]* »[174].

Albert-László Barabási va plus loin dans sa réflexion en affirmant que non seulement la Loi du 80/20 s'applique dans bien d'autres domaines que celui de l'économie, mais qu'en plus elle s'observe dans tous les réseaux invariants d'échelle. Autrement dit, 80 % des effets seraient provoqués par 20 % des causes dans quasiment tous les réseaux. Ainsi, chez les Gilets jaunes, par exemple, 80 % des évènements seraient organisés ou générés, d'une façon ou d'une autre, par 20 % des militants. Concernant l'écologie, 80 % des catastrophes et de la pollution seraient donc causés par 20 % de la population. Si la réalité n'est pas aussi simple ni précise, le principe se vérifie : c'est toujours une minorité qui provoque les évènements de grande ampleur. Exemple flagrant parmi tant d'autres : « *1 % les plus riches possèdent désormais plus du double de la richesse de 6,9 milliards de personnes, soit 92 % de la population*

---

[172] Vilfredo Pareto, « Essai sur la courbe de la répartition de la richesse », dans *Recueil* publié par la faculté de droit à l'occasion de l'exposition nationale suisse, Genève, Université de Lausanne, 1896.

[173] Albert-László Barabási, *Linked*, Perseus Publishing, 2002, page 66.

[174] Ibid

mondiale »[175]. Le rapport 80/20, dans ce contexte-là, se rapprocherait plus du 90/10. Exception qui confirme la règle ou accentuation du phénomène ? Quoi qu'il en soit, cette réalité est à prendre en considération dans l'organisation et la gestion de nos réseaux, que ce soit dans les luttes militantes ou dans l'échange d'idées, pour en revenir à la question initiale de mon ouvrage.

Puissance et faiblesse d'un réseau

Parce que chaque moyeu ou nœud est constamment à la recherche de nouveaux liens, on peut dire que la dynamique des réseaux invariants d'échelle correspond à celui de la compétition. C'est du moins ce qu'affirme le physicien Albert-László Barabási, en particulier pour ce qui concerne les entreprises, la politique ou encore les sites internet[176]. Toutefois, cette tendance à l'accumulation de liens au détriment des autres mène à la centralisation des richesses et du pouvoir, ce qui constitue justement le talon d'Achille de ce type de réseau. Car si les hubs permettent au réseau de tenir, plus ils grossissent et plus ils constituent une faiblesse de taille. C'est tout le paradoxe de ce modèle. En effet, les exemples qui vont dans ce sens se comptent par milliers : c'est en ciblant les grands points d'interconnexions que les agresseurs arrivent à leurs fins. On se souvient notamment de l'attentat du 11 septembre, visant le World Trade Center, un haut lieu de l'économie américaine et du capitalisme, mais aussi des *clusters*, jouant un immense rôle dans la propagation du coronavirus ou encore l'arrestation des représentants de nombre de mouvements militants par les forces de l'ordre. A-L. Barabási explique toutefois que l'interconnexion d'un réseau permet un grand

---

[175] https://reporterre.net/Rapport-Oxfam-Les-milliardaires-francais-plus-ultra-riches-que-jamais

[176] Albert-László Barabási, *Linked*, Perseus Publishing, 2002, page 106.

seuil de tolérance vis-à-vis d'une attaque[177]. Mais si cette résistance se vérifie lorsque les petits nœuds sans grande influence sont touchés, une attaque ciblée sur d'importants moyeux peut mener à la destruction d'un réseau dans son ensemble. Une interconnexion trop centralisée peut également engendrer l'échec du système dans sa globalité : c'est le cas pour l'immense panne électrique qui a plongé 17 états de l'ouest des États-Unis dans le noir en 1996[178]. Car l'interdépendance cause la vulnérabilité d'un réseau de la même manière que, dans une monarchie, couper la tête d'un roi revient à détruire l'ensemble du gouvernement. Dans ce cas, c'est la prédominance d'un moyeu qui entraîne la chute de l'empire. Pour perdurer et résister aux dangers, un système interconnecté doit donc trouver l'équilibre subtil visant à répartir les nœuds de façon homogène en multipliant les liens, sans tomber dans l'interdépendance totale ni la centralisation fatale. Cet équilibre fragile, certains réseaux ultrarésistants l'ont trouvé : c'est le cas des terroristes islamistes, par exemple, pour lequel la destruction d'un moyeu, Ben Laden par exemple, n'a pas entraîné la destruction du système en lui-même. Car des Ben Laden, il y en a beaucoup.

C'est le cas aussi du coronavirus qui perdure malgré la vaccination ou les confinements. Le soin apporté au maillage et à la répartition des hubs permet à ces réseaux de perdurer. Mais pas seulement : c'est aussi notre méconnaissance de l'architecture de ces réseaux qui leur offre l'opportunité d'exister et de survivre.

Ne pourrait-on pas s'en inspirer pour nos organisations militantes ? Si l'on en croit la théorie, le modèle que nous combattons, à savoir l'ultralibéralisme, fervent défenseur de la centralisation et de la hiérarchie, ou encore l'autoritarisme, pourrait bien présenter davantage de failles que de forces. Pour détruire le système existant, il suffirait de cibler le moyeu dominant...

---

[177] Ibid, page 111.
[178] Ibid, page 110.

Comprendre la complexité

C'est en dressant des cartographies du corps humain que l'on a pu en comprendre les rouages et les liens. Il s'avère d'ailleurs que tous les organismes vivants suivent un modèle de réseaux invariants d'échelle. Leur unique différence, qui explique d'ailleurs pourquoi nous ne réagissons pas tous de la même manière aux médicaments, par exemple, réside dans l'identité de leurs molécules et génomes. Si l'architecture est la même, la diversité et les particularités s'imposent dans les détails. De la même manière, vue depuis le ciel, une ville semble se composer de maisons similaires. Mais plus on s'approche, plus on note des différences[179]. Ces réseaux complexes, à l'origine de la vie sur Terre et présents depuis 3 milliards d'années[180], nous les avons donc copiés, inconsciemment, à travers la création d'internet, la formation de partenariats ou encore la création de réseaux d'associations.

Et si certains réseaux, comme le corps humain ou le web, sont désormais cartographiés, étudiés et connus de nombreux spécialistes, ce n'est pas le cas de la plupart des réseaux qui constituent notre société. Pour avancer, nous devons prendre en compte l'existence de ces réseaux, mais aussi en comprendre la complexité et les interactions dynamiques qui les composent[181]. Car les liens ne sont pas des notions fixes, bien au contraire. Les systèmes sont en constante évolution et transformation. Pour comprendre la nature et utiliser les réseaux à notre avantage et à celui de la planète, un long travail d'étude et de compréhension s'impose.

---

[179] Ibid, page 187.

[180] Ibid, page 189.

[181] Ibid, page 226.

Ne pas s'arrêter à la forme, mais s'intéresser au fond. La pensée nuancée plutôt que l'esprit binaire.

CONVERGENCE DES LUTTES : LA MISSION DE L'HUMANITÉ

Si l'écriture de cet ouvrage se termine et si ma réflexion autour de la convergence des luttes et des idées a évolué, le sujet est loin d'être clos. En réalité, il s'agit d'une simple étape d'une quête de réponses qui s'avérera longue et passionnante. Car on ne peut changer la société sans s'interroger sur son mode de fonctionnement. On ne peut parler de convergence des luttes et des idées sans étudier le phénomène. Là encore, il ne s'agit pas de s'arrêter à la simple union des causes militantes dans l'histoire et dans le présent, mais de s'intéresser à ce que cela implique d'un point de vue sociologique, biologique et philosophique. Tout ce qui se produit dans la nature n'est pas forcément la clé ni un modèle en soi, mais il semble incontournable d'observer les mécanismes innés à tout être vivant, car nous avons tendance à nous détacher de notre condition première. Il est question de trouver un équilibre entre nature et culture, entre ce qui permet la survie et ce qui paraît juste et équitable. Le but étant, pour chacun d'entre nous, de vivre et de vivre heureux. Alors face aux injustices sociales, aux politiques de destruction des écosystèmes et de la biodiversité, à l'autoritarisme grandissant, aux guerres de pouvoir, aux crises économiques et aux mesures liberticides, la convergence est l'unique solution. La question est de savoir sous quelle forme nous unir. Les lectures et recherches effectuées durant l'écriture de cet ouvrage, qui m'aura pris deux ans, auront renforcé les fondations d'un engagement profond pour l'union et la relation interluttes.

Cette base solide me permet désormais de mieux appréhender les comportements et liens qui forgent les insurrections, épisodes de solidarité et conflits chez les populations, face à un oppresseur. De l'histoire des révolutions à l'architecture des réseaux de liens, en passant par l'étude des théories contradictoires et des biais cognitifs, l'idée même de convergence des luttes et des idées a pris une nouvelle couleur. Le dessin que je m'étais figuré s'est transformé et il s'est affiné. Comme si mon œil s'était rapproché, distinguant désormais les détails et la complexité. Car si tout est lié, tout commence par l'œil.

Plusieurs points de convergence, un seul grand réseau

Avant de démarrer cet ouvrage, je voyais la convergence des luttes et des idées comme un réseau doté d'un point central. Telle une toile d'araignée, ce réseau aurait eu en son cœur un point commun. Non pas un chef ni une élite, seulement un lieu, une date, un ennemi, un projet et pourquoi pas tout cela à la fois. Or, il semblerait que ce modèle ne fonctionne pas. Au vu des différentes études, un réseau de cette configuration est particulièrement vulnérable. Un seul noyau mène inévitablement à la chute du réseau dans son ensemble, car la cible est bien trop facile. De même, chaque angle extérieur de la toile, qui symboliserait une lutte, un collectif, un type de militant, un acteur de la révolte ou du projet, reste ainsi indépendant et solitaire. Certes, chaque point possède deux voisins, un à sa droite, un à sa gauche. Mais il est difficile, sur ce modèle, de faire communiquer deux points opposés.

Désormais, le plan de cette union massive à construire est clair : il s'agira d'un réseau doté de plusieurs noyaux de connexions, certains plus importants que d'autres, mais tous répartis uniformément sur une immense toile. Ces noyaux d'informations et de contacts permettront à l'ensemble de rester en lien et de créer des points de convergence en termes de source d'information, de lieu et d'action, mais ne constitueront toutefois pas le cœur du collectif. Ainsi, même si l'un de ces nœuds devait se trouver affaibli, de quelque manière que ce soit, le reste continuera à fonctionner et pourra même prendre le relais. Le réseau sera basé sur l'entraide et la relation.

Chaque point, chaque microgroupe gardera cependant son identité propre et n'hésitera pas à en partager les secrets avec les autres groupes. Les savoir-faire seront ainsi mutualisés en des instants réguliers, tels que des réunions de travail par exemple, ou périodiques, tels que des évènements, des manifestations, des mouvements de révolte populaire.

Ce réseau fonctionnera non seulement pour revendiquer des choses, mais aussi pour construire une nouvelle société. Échange de services et de produits, écriture de textes, votes, projets collaboratifs : tout pourra se baser sur ce type de réseau, issu du modèle présent dans la nature.

Mais pour arriver à un tel schéma utopique d'entraide et de bienveillance, au vu de la situation actuelle, ponctuée plus que jamais par des divergences et divisions internes, il y a encore du chemin à parcourir.

L'urgence du lien

La construction d'un réseau de liens fonctionnel demande du temps, certes, mais il faut prendre en compte l'urgence de la situation. Il s'agit donc de trouver un juste milieu entre réflexion et action. Il est question d'apprendre à discuter, à échanger et à cohabiter, tout en ayant le sens des priorités. Les scientifiques du Giec l'ont annoncé : nous avons atteint un point de non-retour. En 2030, dans moins de 10 ans, le climat aura pris 1,5 degré[182] et notre vie sera transformée. La crise économique est sur le point d'exploser. Le pouvoir d'achat n'a jamais été aussi bas. La démographie a chuté. Les espèces en voie de disparition sont de plus en plus nombreuses. Le niveau de pauvreté a atteint son paroxysme. Pour un semblant de vie « normale » ou du moins limiter les dégâts, le changement n'attend pas. La révolution, dans le sens de « transformation drastique », doit être initiée au plus vite. Au vu des derniers évènements sociaux dans le monde entier, je pense que nous nous trouvons dans cette phase d'initiation depuis 2018. Ici et ailleurs, les peuples ont montré leur mécontentement, leur détresse et leur volonté de vivre autrement. La coupe est pleine. Alors, en France comme à Hong Kong ou en Tunisie, on tente des actions, on essaie de s'organiser et de se faire entendre. Selon les régimes politiques, les premiers pas, comme celui d'un bébé qui apprend à marcher, sont maladroits. Souvent, on tombe. Mais c'est pour mieux se relever, se réinventer. Et s'il y a des phases de déception, de démotivation, de superbes moments de cohésion s'observent malgré tout. Le plus beau est très certainement à venir. Lorsqu'on regarde en détail les microfissures d'une brique, on ne voit pas l'ampleur du mur que l'on est en train de bâtir. Pour la convergence des luttes, c'est un peu pareil : le chantier est ambitieux, il est grand. Pour autant, il n'est pas impossible. Une phase de recul est sans doute

---

[182] https://www.afd.fr/fr/actualites/seuil-1degre5-possible-des-2030

nécessaire, de temps en temps, pour appréhender les défauts et ne pas hésiter à changer de stratégie. Cependant, la fondation est là. Elle est présente. Tous les points existent et ne demandent qu'à être reliés pour faire face à l'urgence de l'actualité. La planète est en crise, c'est une question de survie. Et c'est en situation de crise que l'entraide naît. À nous de faire en sorte qu'elle perdure.

Une seule toile, des milliards d'araignées

Nous sommes des milliards, chacun jouant un rôle dans la société. Le jour où les liens seront suffisamment tissés, nous devrons compter les uns sur les autres pour transformer notre mode de vie ainsi que le cadre politique dans lequel nous évoluons. Pour reconstruire la démocratie, instaurer un système plus équitable basé sur l'égalité de considération entre les espèces, où aucune liberté ne contraint celle des autres, il s'agira de veiller à ce que la communication soit constante. Tout sera évidemment à revoir, de la gestion des médias et de leur indépendance aux règles concernant la propriété et l'héritage, en passant par la régulation de la consommation d'énergie ou la notion même du travail et de sa valeur. Car tous les sujets sont interconnectés. Chaque question en soulève une autre. Peut-être, sans doute, n'atteindrons-nous jamais l'idéal que j'aime à présenter dans mes romans. Ce n'est pas grave : le plus beau, dans l'utopie, n'est pas le but à atteindre, mais le chemin à parcourir. Ce sont ces rencontres qui rythment la construction du projet. Ce sont ces voyages, ces découvertes, ces débats, ces apprentissages, ces évènements qui participent à enrichir la cohésion du groupe et du réseau de groupes. Ce sont toutes ces étapes de la construction qui font la richesse de la fondation. Plus merveilleux encore : ce travail de co-construction nous montre sans cesse à quel point tout est lié et tout est différent à la fois. Cet équilibre entre diversité et similitudes, c'est ce qui semble permettre au monde de tenir et de fonctionner.

Cette planète, que nous partageons, c'est le support de notre réseau de liens. Pour le faire fonctionner et fructifier, il s'agira donc de conserver et cultiver notre diversité, tout en ayant l'intelligence de savoir converger à certains rendez-vous stratégiques. Un lieu, une date, un projet : nombreuses sont les occasions pour faire éclater au grand jour le trésor de nos relations. Car après tout, sur ce joli globe, nous sommes des milliards d'êtres humains, cette espèce animale finalement si minime numériquement et pourtant si visible. La véritable révolution à venir sera celle de la transformation. De perturbateurs, nous deviendrons guérisseurs. Panser les plaies et ressouder les tissus d'un superorganisme en crise.

De la même manière que les nervures d'une feuille à la loupe, les sillons d'une rivière vue du ciel, les branches d'un arbre, les veines d'un système sanguin, l'arborescence d'un site web ou le plan du métro parisien se ressemblent sur le plan de la structure, ils se distinguent les uns des autres en termes de composition et de fonction. Et pourtant, un point commun unit toutes les constructions et formes de vie sur terre : la Terre, justement. Ce fameux terrain à l'origine de nos maux, de nos maladies, mais aussi de nos aspirations et de nos rêves. Saisissons-nous de ce point de convergence pour en faire notre moteur. Nous, colocataires de la même planète, devons faire quelque chose avec ce qui nous lie. Un superorganisme d'entraide parsemé de points de convergence. La véritable carte du monde, dont les frontières ne résident qu'à travers les barrières des esprits les plus réfractaires.

La révolution commence par celle de l'esprit.

TABLE DES MATIÈRES

CONVERGENCE DES LUTTES : BASE ET FONDEMENTS .. 7

Cheminement personnel et convergence naturelle 7

Tout commence par l'œil 10

Divergence : un réflexe à combattre 12

Divisions internes 14

La convergence dans l'histoire de France 16

    1789 : un peuple uni, ou presque 17

    1830 : une alliance temporelle et multisectorielle 19

    1848 : une union sanglante 20

    1871 : la Commune de Paris,
modèle de convergence fructueuse 20

    1936 : grève générale 22

    1968 : rencontre entre artistes, étudiants et ouvriers 23

    Face à un peuple uni, des stratégies de déstabilisation identiques 27

Révolutions convergentes dans le monde 30

    Convergence temporelle : des raisons politiques 30

    La thèse de l'idéosphère 33

    Quelques vagues de révoltes à l'international 37

Accélération et émergence des soulèvements 42

Le cas Standing Rock 42

Un effet boule de neige 44

Les causes probables 45

Révoltes, révolutions ou volonté de changement ? 51

Il faut attendre 1789 pour croire en un véritable changement . 52

Ère moderne : l'obstacle des faux-semblants 54

Amusantes définitions 58

QUAND LES PARALLÈLES FINISSENT PAR SE TOUCHER 63

La théorie de l'échec 63

Comparaisons et particularités 65

Le succès relatif des luttes singulières 67

Une solution de non-facilité 69

Diviser pour mieux régner 70

Cultiver la diversité dans l'unité 71

La théorie de l'horizon fictif 72

L'obsolescence programmée des luttes singulières ... 77

Vers une prise de conscience personnelle 77

L'imbrication des luttes entre elles 85

Intersectionnalité et consubstantialité 89

L'AFFAIRE DE QUELQUES ANNÉES 95

2018 : Le début d'un effet domino 95

Novembre 2018 : la goutte d'eau 96

Gilets jaunes : un cas d'école 99

L'effet « confinement » sur les luttes sociales 106

Une reprise progressive partout dans le monde 109

Une explosion des révoltes aujourd'hui et demain 112

Manifs anti-pass : la grande convergence s'amorce 114

Les événements déclencheurs 116

Covid-19 : un accélérateur de mouvement 117

Quid des mesures liberticides ? 123

Crise économique 125

Catastrophes écologiques 127

L'instant le plus dangereux de l'histoire, selon Chomsky 129

CONVERGENCE DES IDÉES : DU RAISONNEMENT À LA COMMUNICATION 131

Pensée binaire vs pensée nuancée 134

Les biais cognitifs 142

L'exemple des réseaux sociaux 145

Outils de division vs outils d'union 151

LIENS ET RÉSEAUX : DES LOIS NATURELLES 155

Cheminement personnel et convergence naturelle ...155

**L'entraide, une tendance naturelle
à la convergence** ...156

L'entraide naît en situation de crise ...156

L'homme, animal social, fondamentalement altruiste ...158

Entraide, cohésion : quelle recette ? ...160

Les conséquences de l'entraide au sein d'un groupe ...162

Cultiver la diversité et la relation ...163

**Réseau de liens :
un modèle universel et systémique** ...169

La loi des 6 degrés de séparation ...169

La plupart des réseaux s'apparentent au même modèle ...170

Les moyeux, les nœuds et les liens ...171

La règle du 80/20 ...172

Puissance et faiblesse d'un réseau ...173

Comprendre la complexité ...175

**CONVERGENCE DES LUTTES : LA MISSION DE
L'HUMANITÉ** ...177

**Plusieurs points de convergence,
un seul grand réseau** ...178

L'urgence du lien ...180

Une seule toile, des milliards d'araignées ...181

DU MÊME AUTEUR

En toute transparence

Roman fantastique
publié chez Rebelle Editions en 2017,
réédition en 2019 chez Faralonn Éditions,
autoédition en janvier 2025

Absurditerre

Roman d'anticipation
publié chez Rebelle Éditions en 2018,
réédition en 2019 en Faralonn Éditions
autoédition en novembre 2024

Les Éphémères sont éternels

Roman d'anticipation
publié chez Faralonn Éditions en 2019,
autoédition en janvier 2025

Les Silencieux n'en pensent pas moins

Roman d'anticipation
publié chez Faralonn Éditions en 2020,
autoédition en janvier 2025

Perles de confinement

Recueil de citations politiques coécrit avec Hermy Bout,
autoédition via Books On Demand en 2020

Si même le sol se dérobe…

Roman d'anticipation à paraître